Irene Johanson

DIE FRAU IM EVANGELIUM

Irene Johanson

DIE FRAU IM EVANGELIUM

Urbilder des Lebens

Urachhaus

Die Deutsche Bibliothek - CIP-Einheitsaufnahme
Johanson, Irene:
Die Frau im Evangelium : Urbilder des Lebens / Irene
Johanson. - Stuttgart : Urachhaus, 1995

ISBN 3–8251–7027–6

Umschlaggestaltung: Bruno Schachtner, Dachau;
Bildmotiv »Elisabeth und Maria« von Domenico Ghirlandaio.
Druck: WB-Druck, Rieden

INHALT

EINLEITUNG

Wenn auf Erden ein Mensch geboren wird, müssen zuvor ein Mann und eine Frau zusammenwirken, um ihm die Leibwerdung zu bereiten. Sobald sich der Menschengeist verkörpert, nimmt er selbst weibliche oder männliche Gestalt und Weise an. Sein Geist, sein Ich, seine Individualität ist weder männlich noch weiblich, sondern ganzmenschlich. Aber wenn er eintaucht in die Sphären des Seelischen, des Ätherisch-Lebendigen, Gestaltgebenden und des Irdisch-Leiblichen, erhält er die Prägungen des Mann- oder Frauseins. Die Geschlechtertrennung geschah im Hinblick auf die Entwicklung des Erdenmenschen. Im Geistigen gibt es keine Männer und Frauen.

Auch die Engel, die göttliche Trinität, sind weder männlich noch weiblich. Aber wenn der Mensch sie erfährt oder aufnimmt, erlebt er an ihnen eine männliche oder weibliche Wirkensweise. So kann es sein, daß der tragende Urgrund alles Seins, je nach Kultur und Beschaffenheit der Menschheit, als mütterliches oder väterliches Wesen erlebt wird. Der Heilige Geist wurde im keltischen Christentum und in der orthodoxen Kirche häufig in weiblicher Gestalt dargestellt, im römischen und lutherischen Christentum als männlich erlebt. Christus wählte für seine irdische Menschwerdung das männliche Prinzip für die Leiblichkeit und damit als die dazugehörige Ergänzung das weibliche Prinzip für die Lebens- und Bildekräfte. Bei jedem Menschen wird die Ge-

7

schlechtlichkeit des Leibes ergänzt durch die polare Geschlechtlichkeit im Ätherischen. C. G. Jung spricht davon, daß zu jedem Mann seine Anima gehört, zu jeder Frau ihr Animus, womit er diese Polarität im Seelischen beschreibt.

Rudolf Steiner schildert aus seiner geistigen Forschung, daß jeder Mann einen weiblichen Ätherleib, jede Frau einen männlichen hat. Dieses Verhältnis wirkt sich auf das Seelische aus.

Das männliche Element in der Frau kann zu einer seelischen Kraft oder Schwäche werden, ebenso das weibliche Element im Manne. Wenn eine Frau innerlich aktiv und zeugend ist, ergänzt sie ihr Frausein zum Menschsein. Wenn ein Mann innerlich empfangend, pflegend ist, ergänzt er sein Mannsein zum Menschsein.[1] Tragen sie aber diese ergänzende Polarität nach außen und wird die Frau im äußeren Leben wie ein Mann und der Mann im äußeren Leben wie eine Frau, dann entsteht ein Ungleichgewicht in allem Menschlichen. Das heißt nicht, daß die Frau nicht den gleichen Beruf ausüben könnte wie der Mann, aber sie sollte es auf weibliche Weise tun und damit die sonst einseitige Männlichkeit im äußeren Zusammenleben der Menschen ergänzen. Ebenso kann natürlich der Mann Berufe ausüben, die früher der Frau vorbehalten waren. Aber auch er sollte dabei das männliche Element herrschen lassen. Dann kann er durch seine Tätigkeit eine Ergänzung zum Menschsein erfahren.

Es gibt Grenzen dieser Umkehrung, die vom Leiblichen herrühren. So kann ein Mann nicht Kinder gebären. Für manche Männerberufe fehlt der Frau die körperliche Kraft. Und das Töten in der äußeren Welt widerspricht ihr noch mehr, als es dem Manne widersprechen sollte.

Im Leiblich-Ätherischen ist der Erdenmensch männlich oder weiblich. Die Seele ist davon geprägt. Der Geist des Menschen kann daran arbeiten, die Seele von den Einflüssen des Männlichen und Weiblichen zu befreien, indem er sie darin zur Harmonie, zum Zusammenwirken bringt, um immer mehr das Menschsein zu erfüllen. Er will die Menschen wieder ganz heil, vollkommen werden lassen, man könnte auch sagen, »voll kommen lassen«. Physisch-ätherisch ist auch Jesus männlich-weiblich geboren worden. Seine Seele war immer beides zugleich, war wahrhaft menschlich. Sie war das Werkzeug, das Medium seines Geistes, durch das er als erster den Menschenleib umwandeln konnte in einen solchen, der nicht mehr männlich oder weiblich war. Der Auferstehungsleib ist ganz und gar dem Urbild wieder entsprechend, wie es in der Schöpfungsgeschichte gesagt wird: »Er schuf den Menschen männlich-weiblich.« Wir finden im Evangelium geschildert, wie Männer und Frauen im Leben mit Christus ihren Sinn erfüllen können: den Erdenmenschen zum Christenmenschen umzuwandeln.

Alle Frauen, die das Evangelium uns schildert, zeigen uns einen Aspekt der Seele und ihrer Mission in der Christwerdung des Menschen. Sie bilden zusammen mit der Mission der Männer erst das Ganze des Menschseins und Christwerdens. Wie das für uns heutige Menschen konkret werden kann, wollen wir uns in den folgenden Betrachtungen im Anschauen der Schicksale, die Frauen im Leben Jesu hatten, vergegenwärtigen.

I

Die Urmütter Jesu – alte Bilder für neues Geschehen

Die ersten Frauen, die im Evangelium genannt werden, sind die Urmütter Jesu. Matthäus erwähnt sie in seinem Stammbaum gleich in den ersten Versen des ersten Kapitels. Durch sie werden wir aufmerksam auf die Bluts- und Schicksalsströme, die aus der vorchristlichen Zeit des auserwählten Volkes in das Leben Jesu einmünden. Matthäus zählt die Namen der Urväter Jesu auf durch dreimal vierzehn Generationen. Nur fünf Frauennamen tauchen in diesem Stammbaum auf: Die letzte davon ist Maria. Wer sind die vier anderen? Warum werden gerade sie mit Namen genannt? Was war das Besondere an ihnen? Dieser Frage wollen wir in der Rückschau auf das Alte Testament in den folgenden Kapiteln nachgehen.

Tamar – Gesetz und Freiheit

Die erste der genannten Frauen ist Tamar. Das alte Testament berichtet, daß Juda, ein Sohn Jakobs und Stammvater Jesu, sich Sun, eine Kananiterin, zur Frau nahm. Sie gebar ihm drei Söhne. Als der älteste Sohn, Gera, herangewachsen war, gab ihm Juda Tamar zur Frau. Doch Gera erregte Mißfallen bei Gott und mußte darum sterben. Da sagte Juda zu seinem zweiten Sohn: »Unser Gesetz schreibt vor, daß du deinem verstorbenen Bruder mit seiner Frau Tamar Nachkommen erwecken sollst.« Dieser Sohn, Onan, wollte keine Kinder zeugen, die dann nicht als die seinen angesehen würden. So ließ er jedesmal, wenn er zu Tamar einging, den Samen auf die Erde fallen. Auch das mißfiel dem Herrn, und er ließ ihn sterben. Juda fürchtete, daß er auch den dritten Sohn, Sela, verlieren würde, wenn er ihm Tamar zur Frau gäbe. So sagte er zu ihr, sie solle zu ihrem Vater zurückkehren, bis Sela erwachsen sei. Tamar aber bemerkte, daß Juda das Gesetz nicht halten wollte. Denn als Sela herangewachsen war, gab er sie ihm nicht zur Frau.

Nun fand sie einen anderen Weg, dem Geschlecht Juda Nachkommen zu gebären. Die Frau Judas war inzwischen gestorben. Da erfuhr Tamar, daß Juda nach Thimna, ihrer Stadt, zur Schafschur käme. Sie zog ihre Witwenkleider aus, hüllte sich in Schleier, so daß sie nicht zu erkennen war, und setzte sich, wie es heißt, als geweihte Dirne an das Stadttor. Juda ging zu ihr und fragte, ob sie ihm zu Willen sein wolle. Sie stimmte zu. Danach fragte sie ihn, was er dafür gäbe. Er versprach ihr ein Ziegenböckchen. Als Pfand gab er ihr einen Siegelring, eine Halskette und einen Stab, den er in der Hand hielt. Als er seinen Knecht mit dem Böckchen zu ihr schicken wollte, konnte dieser sie nirgends finden. Nach einiger Zeit erfuhr Juda, daß die Witwe seiner verstorbenen Söhne schwanger sei, daß sie sich von einem Fremden habe verführen lassen. Da schickte sie ihm das dreifache Pfand mit den Worten, sie sei von demjenigen schwanger, dem diese drei Dinge gehören. Juda mußte einsehen, daß sie im Recht war, weil er sie seinem Sohn Sela nicht zur Frau gegeben hatte. Sie gebar Zwillinge, und der Erstgeborene war Perez, ein Stammvater Jesu (1. Mo 38).

Für uns heutige Menschen ist das wohl eine seltsame, ja auch fragwürdige Geschichte. Juda hat mit einer Hure, hat mit seiner Schwiegertochter geschlafen, und aus dieser Verbindung geht der Stammvater hervor. Und gerade diese Frau wird erwähnt. Warum mußten die anderen Söhne Judas sterben, so daß der Vater den dritten vor dem Tod bewahren wollte? Vor dem damals gültigen und von Gott gegebenen Gesetz hatten sie Unrecht getan. Und sie hatten sich geweigert, den Erbstrom Judas fortzupflanzen. Auch Juda verhielt sich gegen dieses Gesetz. Allein Tamar fühlte die Verpflichtung, dem göttlichen Gesetz zu dienen. Nicht aus Liebe zu Juda war sie ihm zu Willen, sondern aus Gehorsam und Vertrauen zu Gott und seinen Geboten. Einerseits fühlte sie sich in der Pflicht, in der inneren Notwendigkeit, dem Stamm Juda Erben zu gebären. Andererseits setzte sie ihren persönlichen Mut, ihre eigene Klugheit und Phantasie ein, ja sie setzte sogar ihr Leben aufs Spiel, um so gegen Judas bewußtes Verhalten doch den göttlichen Willen zur Erfüllung zu bringen. So stand sie einerseits unter dem Zwang des Gesetzes. Aber, indem sie sich unter das Gesetz stellte, weckte es in ihr die Kräfte, die sie brauchte, *so* zu handeln, wie sie es tat, um das göttliche Gesetz zu erfüllen. Ganz zart kündet sich in dieser Frau der *Ich -Keim* an, der erst in viel späterer Zeit durch Christus in der Menschheit heranwachsen sollte. Damals war es allen Menschen in Israel klar, daß das Gesetz keine menschliche Erfindung war, sondern von Gott gegeben. Und in der Einhaltung des Gesetzes erfüllten sie den Sinn, den Zusammenhang, das Leben ihres Volkes.

Als Juda und seine Söhne das Gesetz mißachteten, war das eine Herausforderung für Tamar. Um dem Gott zu dienen, der, was sie noch nicht wußte, in diesem Erbstrom den Messias senden würde, erwachte in ihr der individuelle Mut, ungewöhnliche Wege zu beschreiten. Die Erfüllung des Gesetzes forderte von ihr, eigen, *ichhaft* zu sein. So lebte in dieser Frau – wie eine Vorahnung – die Christustendenz, die den Widerspruch von Gesetz und Freiheit aufzuheben vermag.

Heute sind die Gesetze eines Staates keineswegs von vornherein gottgegeben. Auch die Konventionen, die Verhaltensweisen der Menschen richten sich nach ihrer Denkart, nach ihrer Weltauffassung. Und diese sind von Volk zu Volk, von Zeitalter zu Zeitalter verschieden. Wo der Materialismus herrscht, sind die Gesetze nicht mehr an geistig-sozialer Wirklichkeit orientiert. Auch das Christentum hat durch die Jahrtausende den Zusammenhang mit geistiger Realität verloren. Die Gesetze von Kirche und Staat stammen nicht von oben und sind deshalb oft fern von jenem Leben, das geistigen Gesetzen entspricht. Tamar hatte das Gesetz und brauchte *Ich -Stärke,* um es zu erfüllen. Wir haben heute die *Ich -Kraft* zur Verfügung, aber oft richtet sie sich gegen das innere, das göttliche Gesetz. Wir nennen das Freiheit und merken nicht, daß wir uns von unserem Egoismus unfrei machen lassen.

Erst, wenn wir uns durch den Gott im Innern die Gesetzmäßigkeiten des Lebens, der Wesen, der Schicksale, der Zeiterscheinungen und aller Dinge im Erkennen offenbaren lassen, können wir so in Einklang mit dem göttlichen Gesetz kommen, wie es Tamar vermochte durch den Gott, der die Gesetze von außen gab.

»Das Ich in die Gesetzmäßigkeiten der Dinge verlegen«[2], ist die Voraussetzung für die wahre Freiheit. Darin lebt Christus heute, nachdem er sich auf der Erde mit dem Menschsein verbunden hat. Bevor er Mensch wurde, lebte er im Gesetz, das Gott den Menschen gab und an dem sie ihre *Ich-Kraft* entwickeln konnten. Immer ist es die Übereinstimmung von göttlichem Gesetz und menschlichem Ich.

Tamar kam aus dem Gesetz zum Ich. Damit trug sie nicht nur *leiblich* zur Vorbereitung der Menschwerdung Christi bei, sondern auch geistig. Sie war eine Zeugin zukünftiger Freiheit, die dadurch in jedem Menschen möglich wird, daß er aus seinem von Christus durchdrungenen, selbstlosen *Ich-Wesen* sich in Einklang bringt mit göttlichen Gesetzmäßigkeiten. Es wird heute viel von Freiheit geredet. Von wahrer Freiheit sind wir jedoch noch weit entfernt. Wie Tamar aus Treue zum Gesetz zu eigener Tat kam, so müssen wir aus eigenem Erkennen zu gottgewolltem Handeln kommen, um »die Freiheit des Christenmenschen« (Luther) im Dienste des lebendigen Christus heute wahrzumachen. Tamar kann uns auf vorchristliche Weise ein Urbild sein für die Übereinstimmung von Gesetz und Freiheit. Das gibt ihr den Rang, im Stammbaum Jesu mit Namen genannt zu werden.

Rahab – Grenzen und Grenzenlosigkeit

Von Rahab gibt es, außer der Erwähnung ihres Namens, keinen Bericht im Alten Testament. Sie ist die Frau des Salmon. Von diesem wird gesagt, daß er der Stammvater Bethlehems sei. Die Stadt gab es schon vorher unter dem Namen Ephrata. Aber mit Salmon und Rahab bekommt der Ort der Jesusgeburt seinen Namen Bethlehem: »Haus des Brotes« oder auch: »Haus des Kampfes«.

Bethlehem: Dieser Name wurde einem Ort gegeben, von dem damals noch niemand wußte, wie einmalig, unvergessen er in die Geschichte der Menschheit eingehen würde. Derjenige, der einmal das Wort sprechen würde: »Ich bin das Brot des Lebens« wurde in Bethlehem, im »Haus des Brotes« geboren. Er ist zugleich derjenige, der den »Kampf« aufnimmt gegen die Widersacher des Menschen und der sagen kann: »Weichet von mir«, und sie müssen ihn verlassen. Rahab ist die Frau des Stammvaters von Bethlehem, sie ist die Mutter von Boas und somit die Schwiegermutter der Ährenleserin Ruth, deren Name und Leben tief mit dem Namen Bethlehem verbunden ist. Und sie ist die Ururgroßmutter Davids, der ebenfalls den Namen Bethlehem lange vor Christus in die Geschichte eingeschrieben hat.

Der Hirtenjunge, der König wurde, stammte aus Bethlehem. Mit ihm beginnt der Stammbaum Jesu im Matthäus-Evangelium: »Dieses ist der Stammbaum Jesu Christi, des Sohnes Davids, des Sohnes Abrahams«; dann erst beginnt die Ahnenreihe durch die dreimal vierzehn

Generationen. Bethlehem ist also sowohl in vorchristlicher wie in nachchristlicher Zeit ein ganz besonderer Ort. Er trägt seinen Namen seit Salmons und Rahabs Zeiten.

Die Urmutter Rahab selbst bleibt im verborgenen. Ihr Name kann uns auch etwas sagen über die Wesensnähe zu Christus. Im hebräischen Lexikon finden wir folgende Deutungen: Weit, geräumig, sich öffnen, sich erweitern, weit machen, Wohnung, Höhlung eines Altars, Grenzen des Landes, Raumschaffen, unerschöpflich, unbegrenzt, weitläufig, grenzenlos. Wenn wir diese Fülle von Bedeutungen zusammenschauen wollen, dann kommen wir in die Paradoxie von Begrenztem und Grenzenlosem zugleich. Und darin können wir eine Wesensäußerung des Christus erkennen. Er zieht ein in die Begrenztheit des Menschseins, um der Menschheit die Grenzen zwischen geistiger und irdischer Welt aufzuheben und sie wieder zu Bürgern zweier Welten werden zu lassen, indem sie durch ihn die Welt als Eine erleben lernen.

Diese Tatsache kann uns vielleicht etwas sagen. Zu den fünf Frauen, die im Stammbaum nach Matthäus genannt werden, gehört eine, die in Schweigen gehüllt ist. Keine Geschichte offenbart etwas von ihrem Wesen oder ihrem persönlichen Schicksal. Es gibt ein Verschweigen. Das geschieht meistens aus Angst oder aus einer bösen Absicht. Es gibt ein »Be-schweigen«, da könnte etwas mitgeteilt werden, aber es wird beschwiegen, es wird zurückgehalten. Dem Verschweigen oder Beschweigen ist etwas Mitzuteilendes vorausgegangen. Dem Schweigen ist nichts vorausgegangen. Es ist der Mutterschoß des Wortes, des schöpferischen, göttlichen Wortes. Aus unserem Schweigen erwächst die Worteskraft, und sie ist eine Wirkung des Christus.

Wenn wir erfahren, wie die nächsten Menschen um Rahab mit dem Stamm Juda und dem Ort Bethlehem verbunden waren, haben wir nicht den Eindruck, daß etwas verschwiegen oder beschwiegen werden soll, aber daß Rahab das Urbild des Schweigens ist, des Schweigens, aus dem einmal das Wort Gottes geboren werden soll. Und dieses Schweigen ist zugleich grenzenlos und begrenzt. Ihr Name weist uns darauf hin.

Damals gab es das auserwählte Volk, das für den Messias rein erhalten bleiben sollte. Es wurden ihm Grenzen gesetzt. Und doch strömte immer wieder fremdes Blut aus fremder Geistigkeit in dieses Volk. Es nahm Menschheit in sich auf aus den umliegenden Völkern, aus Ägypten, Chaldäa, Babylon, und blieb dabei immer das einzigartige Volk Israel, das dem Messias entgegenlebte. Es muß Grenzen geben, damit Grenzenlosigkeit positiv gelebt werden kann und nicht chaotische Zustände als Karikatur wahrer Grenzenlosigkeit zerstörerisch wirken. Das gilt in jeder Kunst. Improvisieren kann nur, wer die Gesetze der Musik beherrscht. Das gleiche gilt beim Malen und Dichten, aber auch bei allen menschlichen Berufen, die Kunst sein wollen. So heißt Erziehungskunst, die Gesetze des werdenden Menschen zu beachten, damit er sich frei entfalten kann. Das Rechtsleben als Kunst hieße, Grenzen, Verabredungen, Verträge und Ordnungen aufzustellen und zugleich gerade dadurch die individuelle Freiheit, die persönliche Initiative und die eigene Verantwortung mit ihren Risiken zu gewährleisten. Es gibt einen Spruch von Rudolf Steiner, den sogenannten Tierkreisspruch, der sich auf den »Wassermann« bezieht und diese christliche Kraft zum Ausdruck bringt.

»Begrenztes sich opfere Grenzenlosem
Was Grenzen vermißt, es gründe
in Tiefen sich selber Grenzen,
es hebe im Strome sich,
als Welle verfließend, sich haltend,
im Werden zum Sein sich gestaltend.
Begrenze dich, oh' Grenzenloses.«

In vorchristlicher Zeit war die Menschheit auf dem Wege aus der Grenzenlosigkeit der geistigen Welt in die Begrenzung der irdischen. Und das Volk Israel gehörte zu den ersten, die in die Begrenzung durch das Gesetz gerieten. Rahabs Name weist uns darauf hin, daß derjenige, der kommen wird, »um das Gesetz nicht zu lösen, sondern zu erfüllen«, jetzt schon hineinwirkt in sein Volk, so daß es immer wieder inmitten seiner Grenzen in die Grenzenlosigkeit gelangt, mal unter Schmerzen, mal mit Freuden. Rahabs Schwiegertochter Ruth ist ein wunderbares Beispiel dafür. Sie ist die dritte Frau, die im Stammbaum genannt wird.

Ruth – Heimkehr in der Fremde

Bevor wir über diese dritte Frau, die im Stammbaum Jesu genannt wird, sprechen, wollen wir kurz ihre poesievolle Geschichte erzählen: (Ruth, 1–4).

Zu Bethlehem lebte ein Mann Elimelech mit seiner Frau Naomi und seinen beiden Söhnen Majlon und Kiljon. Als eine Hungersnot ins Land kam, zog Elimelech mit seiner Familie in die Fremde, ins Land der Moabiter. Dort heirateten seine Söhne Moabiterinnen. Es brach ein Krieg aus, und Elimelech wie auch seine beiden Söhne fielen in der Schlacht. Da beschloß Naomi, in ihre Heimat nach Bethlehem zurückzukehren. Die Schwiegertöchter Orpad und Ruth wollten mit ihr gehen, aber sie legte ihnen nahe, das nicht zu tun, denn im Lande Juda dürften sie nur einen Mann aus dem Stamme ihrer gefallenen Männer heiraten. Sie selbst aber sei zu alt, um noch Kinder zu gebären, und wenn sie doch noch einmal heiraten und Söhne bekommen sollte, müßten die beiden lange warten, bis diese im heiratsfähigen Alter seien. Die beiden Schwiegertöchter begleiteten Naomi bis zur Grenze. Dort ließ sich Orpad von der Schwiegermutter überzeugen, daß es richtig sei, umzukehren. Ruth hingegen sprach die bis heute ergreifenden Worte:

»Wo du hingehst, da will auch ich hingehen, und wo du bleibst, da will auch ich bleiben. Dein Volk ist mein Volk und dein Gott ist mein Gott. Wenn du stirbst, will auch ich sterben und will auch dort begraben sein. Der Herr mache mit mir, was er will. Nur der Tod soll uns scheiden.«

Daß ein Mensch das Volk und den Gott eines anderen zu seinem eigenen erklärt, ist für damalige Zeit ungeheuerlich. Ruth stellte die geistige Verwandtschaft über die leibliche, den Liebesstrom bewertete sie höher als den Blutstrom. Eine »Christuskraft« wirkte schon in Ruths Seele, lange bevor Christus selbst Mensch wurde.

Nun lebt Ruth mit Naomi in Bethlehem. Sie geht zu einem Bauern, um die nach der Ernte liegengebliebenen Ähren aufzulesen und sich und Naomi damit zu ernähren. Es ist Boas, einer von zweien, die aus der Familie Elimeleches noch leben. Als Boas Ruth erblickt, fragt er seine Knechte, wer sie sei, und als er hört, daß es die Moabiterin ist, die ihrer Schwiegermutter in die Fremde gefolgt ist, ordnet er an, daß ihr niemand etwas zuleide tue und man ihr zusätzlich Getreide mitgeben solle. Ruth berichtet Naomi von ihrer Begegnung mit Boas und erfährt, daß er mit ihnen verwandt und einer ihrer Löser sei.[3] Naomi rät ihr, abends zu Boas auf die Tenne zu gehen und sich, wenn er schläft, zu seinen Füßen niederzulegen. Sie tut es. Er bemerkt sie und verspricht ihr, zu versuchen, daß sie seine Frau werden kann und nicht des anderen aus der Familie, der zuerst ein Recht auf sie hätte, weil er näher verwandt sei. Es gelingt ihm, und so wird sie die Mutter des Jobed, der der Vater Jesses wird. Und Jesses jüngster Sohn ist David, der Hirtenjunge von Bethlehem und später der König von Israel.

Der Name »Ruth« bedeutet »Freundin«. Eine Freundin ist nicht durch Leibes- und Blutskräfte mit dem anderen verbunden wie eine Geliebte oder eine Mutter. Aus seelischer Verwandtschaft und freier eigener Entscheidung verbindet sie sich mit dem anderen. Als Freundin kam Ruth nach Bethlehem. Als Freundin verwandelt sie die Fremdheit gegenüber dem Volk und dem Land in eine neue Verwandtschaft. Als Ährenleserin hat sie diesen Vorgang begonnen. Brot hat sie gesammelt in

Bethlehem, dem Haus des Brotes. Mit Boas, dem Getreide und Brot gehörten, hat sie sich verbunden und hat so den Leib dessen bereitet, der sich den Menschen hingeben wird mit den Worten:

»Nehmet hin mit dem Brote meinen Leib.«

Ähre – Brot – Leibbildung ziehen sich wie Leitmotive durch das Schicksal dieser Urmutter Jesu. Die Jungfrau mit der Ähre, dem Sternbild »Jungfrau« am Himmel verwandt, dessen hellster Stern »Spica«, auf deutsch »Ähre«, ist, diese Ährenjungfrau wird Mutter und stellt sich in den Erbstrom und den Dienst des Geistes, der »den Sohn der Maria zur Hülle des Christus bereitet«[4] durch zwei Jahrtausende, von Abraham angefangen. Daß eine Fremde zur Freundin und die Freundin zur Mutter wird im auserwählten Volk, das ist der Anfang eines Christuswirkens, das einmal, weit über das Volk seiner Geburt hinaus, die ganze Menschheit ergreifen wird. Auch Er war ein Fremder, ein Heimatloser und hat sich die Menschheit zur »Freundin« gemacht, ja, er hat die Menschheit zur Mutter erkoren, aus der er einmal aufs neue geboren werden wird als der geistige Sohn der Gemeinschaft, »deren Glieder den Christus in sich fühlen«.[5]

Aus alten Bindungen hat Ruth sich gelöst und ist eine Fremde geworden, um eine neue Bindung einzugehen, in der sie die Verwandtschaft mit dem Kommenden, mit Christus begründet. Auch heute muß jeder, der sich mit dem Kommenden verbinden will, bereit sein, in die innere Fremde zu gehen. Auf neue Weise muß er Freund werden und mitwirken an der Leibbildung des Christus, an einer Gemeinschaft, die ihm Haupt, Herz und Glieder als seinen Leib zur Verfügung stellt. So ist Ruth ein Urbild für die Menschenseele, die an dieser neuen Leibbildung vorbereitend wirken soll.

BATHSEBA – VERWANDLUNG
DER SCHULD

D avid hatte mehrere Frauen, die ihm alle Kinder gebaren. Eine von ihnen ist Bathseba, die vierte derer,
die im Stammbaum genannt werden. Gerade *sie* ist es,
durch die David eine schwere Schuld auf sich geladen
hat. Das geschah so (2. Sam. 11): Als David schon vom
Volk zum König ernannt worden war, stand er einmal
auf dem Dach seines Palastes. Da sah er von Ferne eine
Frau zu einem Wasser gehen, um zu baden. Sie war sehr
schön, und er sandte einen Boten, um sie zu sich holen
zu lassen. Er verbrachte die Nacht mit ihr. Sie war die
Frau eines Feldhauptmanns, Uria, der für seinen König
kämpfte. Die Sitte gebot es, daß Bathseba, obwohl es ein
Unrecht war, sich dem König nicht verweigern durfte.
Kurz danach ließ sie den König wissen, daß sie schwanger geworden sei.

Nun dachte sich David eine List aus, um Uria zu Tode
zu bringen, ohne selbst zu töten. Er gab ihm einen Brief,
den er dem obersten Feldhauptmann vor der Schlacht
aushändigen sollte. Darin stand, daß dieser Uria in die
vorderste Reihe befehlen solle, wo der Kampf am heftig-
sten ist, um ihn dann im Stich zu lassen, damit er um-
komme. Und so geschah es. Als die Meldung vom Tod
Urias kam, trauerte Bathseba die vorgeschriebene Zeit.
Dann holte König David sie zu sich, und sie wurde seine
Frau. Das aber mißfiel Gott, dem Herrn, und er schickte
den Propheten Nathan zu David und dieser erzählte ihm
eine Geschichte:

»Ein reicher Mann hatte viele Schafe, und ein armer
hatte ein einziges Schäflein, das er sehr liebte, und das er

immer um sich hatte. Eines Tages bekam der Reiche unverhofft Besuch. Er wollte aber keines seiner vielen Schafe schlachten und nahm deshalb dem Armen sein Schaf und bewirtete damit seine Gäste.«

Als David diese Geschichte hörte, empörte er sich und meinte, der Reiche sei für dieses Verhalten des Todes schuldig. Da sagte Nathan: »Du bist der Reiche«, und bezog die Geschichte auf David und Uria. Da wurde David von großer Reue ergriffen. Er fiel vor dem Priester nieder und bat ihn, bei Gott für ihn um Verzeihung zu beten. Nathan gab ihm zur Antwort die Botschaft Gottes, daß das Kind, das Bathseba zur Welt bringen würde, bald danach sterben solle als Strafe für Davids Sünde. Und so geschah es: Das Kind starb trotz der vielen Bittgebete, die David zu Gott sandte, um das Leben des Kindes zu retten. Einige Zeit später gebar Bathseba wieder einen Sohn und gab ihm den Namen »Salomo«, »Friedensträger«. Unter den vielen Söhnen, die David von den Frauen hatte, die er rechtmäßig geheiratet hatte, wurde nun gerade Salomo von Gott erwählt, der unmittelbare Thronfolger Davids und Stammhalter des Hauses Juda zu sein und ein Urvater Jesu zu werden.

Durch die bittere Reue Davids über seine Tat konnte Gott ihn aus seinem Fall in die Tiefe wieder zur Höhe führen. Und Bathseba ist die Frau, die diese Tiefe und Umkehr zur Höhe offenbarte durch die Geburt der beiden Kinder. Das erste starb, und das zweite wurde König.

Noch weit bis in die nachchristliche Zeit hinein vollzog sich äußerlich, was sich heute im Inneren der Menschen abspielt. Der König, der Herrscher in uns, vermag die Seele gegen ihr besseres Gefühl zu nötigen, zu überreden, zu verführen, seinen egoistischen Wünschen dienstbar zu sein. Er vermag sogar die Seele durch kluge

Überlegungen zu überzeugen, indem er die höchsten Philosophien für sein Vorgehen einsetzt und sich diese zunutze macht, um die Seele von ihren untergründigen Skrupeln zu befreien. Wie oft hört man von Freiheit, von Bewußtseinsseele, von neuem Recht in neuer Zeit in großen Parolen sprechen, wenn es sich darum handelt, Schwächen, Unrecht, Verführung zu rechtfertigen.

Das kleine Ego des Menschen glaubt, von seiner Berufung zum König, zum gottgewollten »Ichwesen« alles ableiten zu können, was ihm dient. Und die Seele macht mit, ordnet sich dem unter. Erst wenn der Mensch vermag, sich in anderen gespiegelt zu sehen, wie es David durch die Geschichte widerfuhr, die Nathan ihm erzählte, und wenn er dann das illusionslose Sehen seiner selbst nicht verdrängt, sondern die Betroffenheit aushält und bittet, daß ihm vergeben werde, kann der Weg aus der Tiefe der Schuld in die Höhe der Vergebung beginnen. Der erste Schritt auf dem Weg zur Vergebung ist Leid. Was aus der Schuld geboren wurde, mußte sterben. Es ist nicht von Dauer. Dann aber wird dem, was geschah, ein neuer Stellenwert in der Biographie gegeben. Dem Zusammenwirken von Ich und Seele eröffnet sich eine neue Möglichkeit, eine Erfahrung, ein schuldfreier Neubeginn. Was jetzt entsteht, darf dem kommenden Christus dienen. Es darf die Königswürde, die wahre Würde des Menschen fortpflanzen. Dieser Umgang mit der Schuld, wie ihn David mit Bathseba vollbrachte, ist schon eine Christuswirkung in ihrer Gemeinschaft. Er führt von der Strafe, die eine Folge des Unrechts ist, durch Selbsterkenntnis zur Vergebung. Gott gibt dem Menschen die Möglichkeit, seine Schuld in etwas zu wandeln, was ihn weiterführt und wodurch er Christus entgegenleben kann. So ist Bathseba die Mittlerin zwischen Gott und dem Menschen zur Verwandlung und Verchristlichung der Schuld.

Durch Tamar kündet sich die Kraft an, Gesetz und Freiheit zu vereinen. Durch Rahab kündet sich die Kraft an, Grenzen und Grenzenlosigkeit gleichermaßen wirken zu lassen. Durch Ruth kündet sich die Kraft an, in der irdischen Fremde geistige Heimat zu finden.

In Bathseba schließlich kündet sich die Kraft an, aus der Schuld als neuer Mensch hervorzugehen. So sind diese vier im Stammbaum erwähnten Frauen nicht nur leibliche, sondern auch seelische Urmütter Jesu Christi und auch für unsere Zeit Urbilder der christlich werdenden Menschenseele.

II

DIE FRAU IM EVANGELIUM

Zusammengehörigkeit

Wenn in den Volksmärchen ein weibliches Wesen mit Namen genannt wird, dann ist es häufig der Name Maria oder eine Abwandlung davon: Goldmarie, die Maria gewordene, Pechmarie, die abgeirrte Maria, Marienkind, die durch Prüfungen gegangene Maria. In »Der Machandelboom« ist es das Marlenichen, eine Maria-Magdalena, die durch das Geschehen zur »Maria« wird. Maria ist der Name der Menschenseele, deren Gedanken, deren Herzenskräfte, deren Tun vom Heiligen Geist erfüllt ist. So haben auch manche Knaben ihrem männlichen Rufnamen den Namen Maria hinzubekommen, als wollte man ihre Seele mit dem Urbild der Menschenseele verbinden. Und mancher Dichter hat dies Geheimnis ausgesprochen:

> »Ich sehe dich in tausend Bildern,
> Maria, lieblich ausgedrückt,
> doch keines von allen kann dich schildern,
> wie meine Seele dich erblickt.«
>
> Novalis

> »Ich muß Maria sein und Gott aus mir gebären
> soll er mich ewiglich in der Seligkeit gewähren.«
>
> A. Silesius

Maria ist das höchste Idealbild der Frau. Nur in besonderen Augenblicken kann ein solches Ideal heute schon erfüllt werden. Alle anderen Frauen im Evangelium sind Bild für die Schicksale, die durchgemacht werden auf dem Wege zur Erfüllung dieses Ideals.

Das Evangelium schildert das Marienwesen von verschiedenen Seiten.

Matthäus spricht nicht davon, was diese Frau selbst erlebt hat, sondern erwähnt ihren Namen im Erleben anderer. Joseph erfährt, daß sie schwanger ist, noch bevor er sie aus dem Tempel zu sich geholt hat. Er will sie verlassen, will die Verlobung lösen. Doch ein Engel erscheint ihm im Traum und teilt ihm mit, wie er das Ganze verstehen kann. An der Stelle seines irdischen Bewußtseins war der Heilige Geist anwesend, als das Kind gezeugt wurde. Es stammt leiblich von ihm und geistig vom Heiligen Geist. Das konnte er anerkennen, und so nahm er Maria zu sich.

Maria wird hier als ein Wesen geschildert, das im Schicksal des Joseph eine entscheidende Rolle spielt. Joseph wird als gerecht bezeichnet, das heißt, er hat unter den Augen des jüdischen Gesetzes, der jüdischen Religion immer alles richtig gemacht. Nun bricht plötzlich ein Ereignis über ihn herein, das ihn und Maria in Schande bringen kann. Ausgerechnet durch diese Frau, die ihm im Tempel anvertraut wurde, gerät er zum ersten Mal im Leben in solche Gewissensnot. Er ist aufgewühlt in seiner Seele und kommt zu dem Entschluß, sie ohne Aufsehen zu entlassen. Da tritt im Traum ein Überirdisches in sein Bewußtsein. Und er nimmt diese Worte auf, ändert seine Entscheidung und setzt die Schicksalsweisung, die Engelsbotschaft in die Tat um.

Ohne Maria wäre ihm diese Bewußtseinsveränderung nicht widerfahren. Er wäre im Gesetzeszwang geblieben und hätte nicht im Dienste des Kommenden gehandelt. Denn von nun an erfährt er noch mehrmals Schicksalsweisungen, die sich auf Maria und das Kind beziehen und ungewöhnliche Konsequenzen haben. Er bleibt nicht in seinem gewohnten Zimmermannsleben, wo ihm alles vertraut ist und er genau weiß, was zu tun ist. Er erlebt die Anbetung der Könige und die Bedrohung durch die Kindermorde des Herodes. So zieht er mit der Familie nach Ägypten, in eine fremde Welt. Erst nach Jahren erhält er in erhöhtem Bewußtsein die Weisung, zurückzukehren, aber nicht nach Bethlehem, sondern nach Nazareth, weil das der rechte Ort im Schicksal des Sohnes ist. Und Maria ist immer gegenwärtig. Sie lebt das Bild der Frau, die dem Manne zum Schicksal wird. Wie viele sind in der Gefahr, ein »gerechtes, rechtschaffenes« Leben zu führen. Das Leben läuft in gewohnten Bahnen. Man weiß, wie alles geht, im Beruf, im Alltag, im Umgang mit Familie, Freunden, Mitarbeitern. Da bricht durch die Frau etwas Neues herein, etwas Ungewohntes, etwas, das man noch nie gedacht, gefühlt oder gar getan hätte; etwas, das nur von einer ganz anderen, höheren Warte aus verstanden werden kann, das aber alle bisherigen Prinzipien und Gewohnheiten umstürzen müßte. Man scheut zurück vor den ungeheuren Konsequenzen und will das nicht mitmachen. Solche aufwühlenden Erfahrungen können durch eine Frau ausgelöst werden – oder durch die eigene Seele, deren Bild die Frau ist. Doch nur, wenn sie so unschuldig ist, wie Maria war, nur, wenn es um die Geburt des göttlichen Ichwesens in der Seele geht, dürfen wir vertrauen, daß die Botschaften, die uns in diesem Zustand erreichen, vom Engel stammen.

Der Engel sagt: »Laß dich nicht beirren, Maria als dein Weib zu dir zu nehmen.« Er sagt nicht: Verlasse sie, wie das oft verführerische Geister tun. Erkenne, wie du dich durch das, was deiner Frau oder deiner Seele widerfährt, auftun kannst für die geistige Welt. Nimm die weibliche Wesensart in dein Leben auf, die Fähigkeit, Neues zu empfangen und sich dafür verantwortlich zu fühlen. Wenn Du davor fliehst, wenn du die Konsequenzen scheust, wirst du immer mehr in die Einseitigkeit des Männlichen geraten. Du wirst Maria verlieren, das irdische Abbild der himmlischen Sophia, der Weisheit, und wirst der Einseitigkeit des Intellektes, des irdischen Verstandes erliegen. Laß zu, daß der Erdenverstand sich mit ihr, der Himmelsweisheit, vermählt. Dann wirst du dich auch in Flucht, Fremdheit und Ungewißheit sicher geleitet fühlen. Was dir wie ein Unglück erscheint, ausgelöst durch die Frau, ist in Wahrheit deine Chance.

Wie einstmals Eva den Adam beeinflußte, so daß sie den Weg in die Materie antraten, so wird Maria den Menschen erwecken, daß sie gemeinsam wieder den Weg zum Geiste antreten. Das hat auch Goethe mit dem Schluß seiner Faustdichtung gemeint: »Das Ewig-Weibliche zieht uns hinan.«

So beginnt das Evangelium mit der Schilderung der Wende, der Umwendung, die die Frau im Leben des Mannes, das Weibliche im Männlichen jeder Menschenseele bewirken kann.

Auch im weiteren Verlauf des Matthäus-Evangeliums wird Maria nur erwähnt als zum Schicksal anderer bedeutsam dazugehörig. Die drei Weisen aus dem Morgenland finden sie mit dem Kinde und bringen ihre Gaben dar: Gold – Weihrauch – Myrrhe. Maria, die Frau, das lebendige Bild der Seele, die das Kind, das zukünftige Menschenwesen trägt, empfängt die Gaben aus der Vergangenheit, um sie in die Zukunft hinüber zu verarbeiten: Gold, aus dem die Kronen der Könige gemacht werden. Gold, das sonnenverwandt ist, Symbol für die Königskraft im Menschen, für ein Denken, das Haupt und Herz eint. Weihrauch, der priesterliches Wirken sichtbar macht im Wort, das aufsteigt zu Gott und sich verbreitet unter den Menschen, vermag die Atmosphäre zu verändern, Wohlgeruch zu erzeugen, Gebete als Nahrung den Engeln zu senden. Das empfängt Maria, die Seele, für ihr Gemüt. Für die Willenssphäre schließlich empfängt sie die Myrrhe, das Bittere, die Medizin, die ärztliche Kraft. Aber sie nimmt diese Gaben nicht für sich entgegen, sondern für ihr heranwachsendes Kind. Nur im Hinblick auf das Werdende, das Christushafte in der Welt ist die Seele fähig, diese Gaben aus alter Zeit für die Zukunft zu empfangen. Solchermaßen beschenkt kann Maria mit dem Kind Joseph nach Ägypten und dann nach Nazareth folgen. Sie erkennt die höhere königliche Führung, sie lebt im Gebet und erfährt, daß alles Schwere im Leben bitter ist, aber heilende Arznei. So erfüllt sich das gemeinsame Schicksal, das Joseph zuvor angenommen hatte. Das Schicksal des einzelnen wird vom Schicksal ihrer Gemeinsamkeit durchdrungen. Und jeder dient dem Einen, dem Sohn, der einmal allen den höchsten Dienst erweisen wird.

Es gibt besondere Stunden im Leben der Frau, Stunden der Begegnung, in denen das Königliche im Manne sie aufsucht und sie beschenkt. In solchen Stunden darf sie sich erleben als Mutter des Zukünftigen, Kommenden, der Gottesmutter Maria verwandt. Das gibt ihr die Kraft, Bedrohung, Flucht, Fremde und alle schlimmen Zeiten zu bestehen.

Matthäus schildert als einziger eine Maria, die nach Jesus noch weitere Kinder hatte. Am Ende des 13. Kapitels werden sie aufgezählt: »Ist er nicht der Sohn des Zimmermanns, und heißt nicht seine Mutter Maria? Sind nicht Jakobus und Joses und Simon und Judas seine Brüder und sind uns nicht seine Schwestern alle gut bekannt?« (Matth. 13, 55–56). Diese Maria erlebt viel Mühen und Leid, ihr Leben ist von einer irdischen Dramatik durchzogen, die sie mit königlicher Würde erträgt. Dabei ist sie weit über ihr persönliches Schicksal hinaus in Menschheitsschicksal verwoben.

Jeder Mensch kann über sein persönliches Schicksal hinaus am Menschheitsschicksal beteiligt werden. Das geschieht immer dann, wenn die Seele nicht nur aus den Leibes- und Blutskräften, wie sie aus der Vererbung kommen, lebt, sondern dem Geisteskind Mutter wird, das heißt, sich von dem leiten läßt, was aus ihr selbst hervorgeht, aus ihrer Geistesgegenwart. Das dient nicht nur ihr selbst, sondern dem Fortgang der Menschheit. Es dient sogar den Wesen über ihr und unter ihr. Ein solches Leben aus dem Eigensten gibt es noch kaum unter uns heutigen Menschen. Aber wenn es als möglich erkannt und angestrebt wird, ist schon ein Anfang gemacht, ein Keim gelegt, der durch lange Zeiträume wachsen und wirksam werden wird. Wir erkennen ein solches Marienschicksal einer Seele daran, wenn sie über das Blutsmäßige hinaus mit anderen Menschen Beziehungen hat im Sinne echter Geistesverwandtschaft. Darauf wird im Matthäus-Evangelium auch einmal von Jesus selbst hingewiesen, als seine Mutter und seine Geschwister ihn einmal sprechen wollen mit Berufung auf ihre leibliche Verwandtschaft:

»Als er noch zur Volksmenge sprach, siehe, da standen seine Mutter und seine Brüder draußen und wünschten mit ihm zu sprechen. Und jemand sagte ihm: Siehe, draußen stehen deine Mutter und deine Brüder und wünschen mit dir zu sprechen. Und er antwortete dem, der zu ihm sprach: Wer ist meine Mutter, und wer sind meine Brüder? Und er streckte seine Hand aus und wies auf seine Jünger und sprach: Siehe, meine Mutter und meine Brüder. Wer aus dem Willen meines Vaters in den Himmeln handelt, der ist mein Bruder und meine Schwester und meine Mutter.«

(Matth. 13, 46–50)

Der Wille des Vaters ist aber der Ursprung des dem Schicksal gemäßen tiefen Eigenwillens. Selbst eine so reife Seele wie Maria, die durch ihren Sohn dem Menschheitsschicksal tief verbunden ist, muß sich auch wieder von den natürlichen Mutterbindungen befreien, um aus ihrem Eigensten, das zugleich das Geistverwandte ist, zu leben. Jede Mutter muß diesen Prozeß durchmachen, daß ihre Kinder sich von ihr lösen und sie um so viel wieder ihre Mutter werden kann, als sie sich geistig verwandt finden können. Daß es da immer wieder Rückfälle gibt, erleben wir, wenn eine Frau ihre erwachsenen Söhne oder Töchter bis ins hohe Alter erziehen, leiten und beeinflussen möchte. Oft merkt sie es selbst gar nicht, weil sie die Loslösung sehr bewußt vollziehen muß. Dann muß sie erleben, wie sie von dem Eigenen des anderen zurechtgewiesen wird, sie muß sich von ihrem »Kind« etwas sagen lassen. Wenn sie das annehmen kann, wächst ihr eine Kraft zu, die sie auf ganz neue Weise mit ihm verbindet. Es ist die Kraft, Christus im Sterben nahe zu sein. Keiner der zwölf Jünger, von deren Berufung Matthäus erzählt, hat das geschafft. Nur Frauen haben Christus bis zum Kreuz begleitet. Und Maria wird nicht als Mutter Jesu bezeichnet, sondern als die »Mutter von Jakobus und Joses« (Matth. 27, 56).

Das ist ein zarter Hinweis darauf, wie sie ihr persönliches Muttersein in ein menschheitliches umgewandelt hat. Sie ist noch die Mutter der anderen Kinder, aber für Jesus ist sie die Repräsentantin der Menschheitsseele. Sie und Maria Magdalena, so schildert es Matthäus, sind dem Auferstandenen als erste begegnet und durften von ihm den Auftrag empfangen, den Jüngern von seiner Auferstehung zu berichten. Das ist der Auftrag, den Christus der Frau erteilt: den Jüngern, den Herausgerufenen die Botschaft von der Auferstehung zu bringen, bevor diese die Sendung empfangen, hinauszugehen in alle Welt und von Christus zu künden.

Die Frau – das weibliche Wesen in jedem Christen – sollte sich für das Esoterische, das innere, verborgene, geistige Leben, wie es von Christus ausgeht, verantwortlich fühlen. Der Mann – und das männliche Wesen in jedem Menschen – sollte sich verantwortlich fühlen, durch Wort und Tat dieses Leben in der Welt draußen zur Wirksamkeit zu bringen. Es ist ganz folgerichtig, wenn in religiösen Zusammenkünften mehr Frauen als Männer anzutreffen sind und in weltlichen oft mehr Männer als Frauen. Aber gesund, menschengemäß, wirklich christlich wird das Leben erst dann, wenn in beiden Bereichen Männer und Frauen zusammenwirken und so diese beiden getrennten Welten – hier Religion, dort das sogenannte »konkrete« Leben – zu einer Welt werden, in der die Religion lebenspraktisch und das praktische Leben religiös wird. Je mehr die Seele des Menschen Maria wird, desto mehr kann sein Ich ein Jünger werden. Je mehr das

Weibliche im Menschen seinen esoterischen Auftrag erfüllt und dem Jünger, dem Männlichen im Menschen die Wahrheit der Todüberwindung nahebringt, desto stärker kann das Männliche im Menschen diese Wahrheit im äußeren Leben praktizieren, kann das ganze äußere Leben verändern, indem er nicht nur Geist sagt und denkt, sondern Geist *tut*.

Das Matthäus-Evangelium schildert uns Maria als die Frau, die im Manne dessen eigene Aufgabe hervorruft und die durch ihr Frausein dessen Mannsein ins Menschsein steigert, sei es als Joseph, als König oder als Jünger. Dazu aber muß sie ihr natürliches Muttersein zur Verantwortung für die Menschheit steigern.

DIE FRAU UND DAS WORT

Eine ganz andere Maria wird von dem Evangelisten Lukas geschildert. Sie lebt mit ihrem Mann Joseph in Nazareth, während die Maria im Matthäus-Evangelium von Anfang an in Bethlehem, in der Nähe von Jerusalem lebt, wo sie ihre Kindheit im Tempel verbrachte. Die Maria des Lukas-Evangeliums zieht mit ihrem Mann zur Volkszählung nach Bethlehem, der Geburtsstadt von Joseph. Dadurch wird ihr Kind in Bethlehem geboren, wie es die Propheten durch Jahrtausende vorhergesagt haben.
    Daß es im jüdischen Volk eine doppelte Messiaserwartung gegeben hat, haben viele Forscher an den Texten des Alten Testaments und den Funden am Toten Meer

nachgewiesen. So werden auch die verschiedenen Stammbäume und Lebensgeschichten der beiden Familien, wie sie einerseits von Matthäus, andererseits von Lukas geschildert sind, verständlich. Beide führen auf David zurück, doch dann gehen sie auseinander. Der Matthäus-Stammbaum geht auf die königliche Linie Davids (König Salomon) zurück und der des Lukas auf die priesterliche (Priester Nathan). Auch die Schilderung des Marienlebens im Lukas-Evangelium zeigt, daß es sich hier um eine andere Familie handeln muß. Alles verläuft in der Stille, kein äußeres Schicksal greift dramatisch ein. Die frommen Hirten beten das Kind an, von den Königen ist nicht die Rede und auch nicht von dem drohenden Kindermord und der Flucht nach Ägypten. Eine himmlisch-reine Stimmung lebt hier. In Nazareth werden heute noch zwei Häuser gezeigt, in denen die heilige Familie gelebt haben soll, und man meint, die Gelehrten seien sich nur nicht einig, welches das wahre Haus sei.

Es gibt eine alte jüdische Überlieferung, die erzählt, daß etwas vom Wesen des Adam und vom Wesen Evas rein geblieben ist und nicht aus dem Paradies vertrieben wurde. Diese himmlischen Menschenwesen erhielten die Namen Adam Kadmon und Lilith. Auf dem Geburtsbild, das Grünewald für den Isenheimer Altar malte, sieht man im Zentrum die Mutter Maria mit dem Kind als eine irdische Frau und an der Seite, in einer gotischen Kapelle, kniend eine verklärte, gekrönte Gestalt: eine himmlische Jungfrau. Da tritt das Geheimnis der zwei Marien, die zwei Menschen gebaren, die als Messias erwartet wurden, wie ein zarter Nachklang noch einmal ins Bild. In dem Jesuskind, das Lukas beschreibt, lebte nicht die Seele eines Eingeweihten, wie das nach der geisteswissenschaftlichen Forschung von Rudolf Steiner von dem Jesuskind im Matthäus-Evangelium gesagt werden kann, sondern eine Seele, die sich zum ersten Mal auf Erden inkarnierte. Und seine Mutter war die reine Jungfrau, unbelastet von schweren Erdenschicksalen.

Diese Maria hat eine ganz besondere Beziehung zu dem Logoswesen, zu dem göttlichen Wortwesen, das sich später in der Jordantaufe mit der Seele ihres Kindes verbinden sollte. Es ist schon bei der Geburt durch die himmlischen Heerscharen anwesend, die es umgeben und als Wortkünder den Hirten auf dem Feld erscheinen. Diese Maria lebt im reinen Worte, nicht im unkontrollierten Geschwätz, sondern im gotterfüllten Worte. Die Maler haben sie auf den Bildern der Verkündigung mit einem Buch in der Hand oder betend dargestellt, d.h. im bewußten Umgang mit dem Wort. Bei Lukas empfängt sie, nicht Joseph, die Engelsbotschaft von der bevorstehenden Geburt. Sie weiß mit dem Worte so umzugehen, daß der Engel es anerkennt und sie ihm vertraut, anders als es Lukas von dem Vater des Johannes beschreibt, von dem Priester Zacharias, dem die Sprache genommen wurde, weil er nicht verstand, mit der Engelsbotschaft vertrauend umzugehen.

Die Liebe zum Wortwesen wirkt weiter in Maria. Als sie zu ihrer Freundin Elisabeth kommt, die das Johanneskind unter dem Herzen trägt, wird sie von dieser als die Mutter des Herrn gepriesen, des Herrn, der das Wort ist, durch das Himmel und Erde geschaffen wurden, wie es Johannes in seinem Prolog ausspricht. Und als Mutter des Weltenherrn, des Logos, des Wortes, das Fleisch geworden ist, spricht sie hymnische Worte, bringt sie einen Worteskultus hervor, den sogenannten Lobgesang der Maria.

Sechs Monate später ereignet sich, was als »Weihnachtsgeschichte« in die Menschheit eingegangen ist. Lukas, der sich am Anfang seines Evangeliums selbst als Diener des Wortes bezeichnet, bringt in seinen Bericht dieses Wortgeheimnis hinein. Es beginnt mit dem Gegenbild des lebendigen Wortes, mit der Erstarrung im Gebot, im Gesetz, das von Kaiser Augustus erlassen wurde. Dieses tote Wort muß jedoch dem Schicksal des göttlichen Wortes dienen. Maria und Joseph gehen zur Volkszählung nach Bethlehem, in die Stadt Davids, wo das Kind geboren wird. Die Hirten sind offen für das Engelswort. Die Zukunft der Menschheit spricht sich darin aus: »Geoffenbaret sei Gott in den Höhen und Friede auf Erden den Menschen, die guten Willens sind.«

Und dann wird ihnen gesagt, was sie tun sollen. Sie folgen dem Engelwort und sehen es bewahrheitet. Daraufhin breiten sie das Wort, das sie gesehen haben, im Lande aus. Die Menschen wundern sich des Wortes. Die Hirten preisen und loben das gesehene Wort, und Maria bewahrt und bewegt alle Worte in ihrem Herzen. So ist das Weihnachtsevangelium ein einziges großes Wortgeschehen. Die Legende steigert das noch, indem sie erzählt, wie das Jesuskind von Geburt an schon sprechen konnte. Die Vermittlerin dieses Wortwirkens auf Erden ist Maria.

Die Frau: die Menschenseele als Bewahrerin und Bewegende des Wortes. Das ist ihre geistige Bestimmung, ihr Ideal, ihr Urbild. Daß der Mensch wortbegabt ist und die innere und äußere Welt ins Wort bringen kann, unterscheidet ihn von allen anderen Geschöpfen. Es ist ein Zeichen seiner Gottebenbildlichkeit, und das macht ihn mit dem Schöpfergott verwandt. Aber gerade darum haben es die Widersacher des Christus, des Wortesgottes, auf diese Fähigkeit des Menschen abgesehen. In der Bibel werden sie Diabolos und Satanas genannt, das heißt: der Durcheinanderwerfer und der Hinderer. Durch Satanas gerät das Wort in die männliche Einseitigkeit. Es wird starr, unbeweglich, dogmatisch, formelhaft und wird gehindert, sich weiter zu entwickeln. Auch die heutige Gepflogenheit, vieles abzukürzen, statt Wort und Sprache, Buchstabe für Buchstabe zu setzen, ist eine männliche Abirrung des Wortes. Die weibliche Abirrung ist das Gerede, das ungeformte, unkontrollierte Drauflosreden, das Durcheinanderwerfen der Inhalte. Die Seele fließt aus im Reden, und der Mensch weiß hinterher nicht mehr genau, was er alles gesagt hat, und erschrickt womöglich über die Wirkungen.

Erst wenn die Seele Worte der Engel und der Menschen, Worte des Schicksals in wacher Geistesgegenwart bewahrt und bewegt, wird sie fähig, die Sprache anderer Wesen zu verstehen. Sie bemerkt die Geistesgegenwart eines Engels, eines Schicksalswesens und auch die Sprache der Naturwesen, der Farben, der Töne, der Gebärden, ja die Sprache der Sprache selbst. Dann ist die Sprache nicht mehr bloß Information für die Seele, sondern ein lebendiges Wesen, voller Geheimnisse. Sie lernt, mit und aus der Sprache zu leben. Ist im Wortwesen der Ichfunke erwacht, kann es aus seiner Einseitigkeit erlöst werden. Wenn Gesetze nicht nur festgeschriebene Paragraphen sind, sondern dem Leben gemäß gehandhabt werden, wenn Gedanken und Erkenntnisse nicht in Worthülsen erstarren, sondern sich weiterentwickeln und immer aufs neue in Sprache gebracht werden, dann wirkt in die Welt hinaus, was die Seele der Frau im Innern bewegte. Dann können die Weltverhältnisse aus der Starre befreit und in Bewegung, in Fluß gebracht werden. Dann kann männliches und weibliches Sprechen aus der Einseitigkeit erlöst werden und heilsam zusammen wirken.

All dies lebt in dem Urbild der Jungfrau, die Worte in ihrem Herzen bewahrt und bewegt und den Menschensohn, den Logos, aus sich gebiert, der die geteilte Welt einen wird. Zwei Ereignisse werden noch von Lukas erzählt, die auch Maria betreffen. Vierzig Tage nach der Geburt wird das Kind gemäß den jüdischen Reinigungsgesetzen in den Tempel gebracht. Dort ist der greise Priester Simeon, der das Kind segnet. Zu Maria aber spricht er die Worte von dem Schwert, das ihre Seele durchdringen wird. Er weist damit auf das Leid, das sie am Leiden ihres Sohnes, an seinem Verkanntwerden, seinem Verlassen- und Verleumdetwerden und an seiner Passion mitleiden wird. Simeon weist damit hin auf die Leidensfähigkeit der Frau, die weit über das hinausgeht, was sie selbst betrifft. Sie macht das Leiden anderer zu ihrem eigenen. So kann man auch verstehen, daß nur Frauen Christus auf seinem Leidensgang folgten. Die Männer waren geflohen vor Angst und Entsetzen, als ihr Herr in Gefangenschaft geriet. Die Frauen aber waren in seiner Nähe, als er am Kreuz starb. Sie litten mit ihm, und ihr Mitleiden erwürdigte sie, auch die ersten Teilhaber der großen Menschheitsfreude zu sein, der Freude über die Auferstehung des Herrn.

Das weibliche Wesen, die Seele, ist berufen, ist beschaffen zum Mitleiden und zum Osterjubel. Die Maria, zu der Simeon das Wort vom Schwerte sprach, weilte nicht mehr auf Erden, als Christus durch das Leiden ging. Rudolf Steiner schildert, daß sie starb, kurz nachdem sie das Erlebnis mit ihrem zwölfjährigen Sohn im Tempel hatte, von dem wir gleich sprechen wollen. Und dennoch hat sie dieses Schwert erlebt, das ihre Seele durchdrang. Denn die Verstorbenen hören nicht auf, mit ihren Liebsten zu leiden und zu jubeln. Befreit vom eigenen Leibe und seinen Zuständen fühlen sie um so intensiver die Seelenerlebnisse derer, mit denen sie sich auf Erden verbunden haben. Das Schwert, das die Seele durchdringt, gehört zu jedem Menschen, der Maria in sich leben lassen will.

Die letzte Geschichte, die Lukas von seiner Maria erzählt, handelt von dem Knaben, der den Eltern auf der Heimreise von Jerusalem verlorenging. Sie suchten ihn tagelang überall, bis sie wieder zum Tempel kamen. Dort fanden sie ihren zwölfjährigen Sohn, den sie kaum wiedererkannten.

»Er saß mitten unter den Lehrern und hörte ihnen zu und richtete Fragen an sie. Und alle, die ihn hörten, wußten nicht, was sie denken sollten über den reifen Verstand, mit dem er seine Antworten gab. Und als sie ihn sahen, erschraken sie, und seine Mutter sprach zu ihm: Mein Kind, warum hast du uns das angetan? Siehe, dein Vater und ich haben dich unter Schmerzen gesucht. Und er sprach zu ihnen: Warum habt ihr mich gesucht? Wißt ihr denn nicht, daß ich in meines Vaters Hause sein muß? Und sie verstanden nicht, was er zu ihnen sprach. Und er zog mit ihnen hinab und kam wieder nach Nazareth und folgte ihnen willig in allen Dingen. Und seine Mutter hielt alle Worte in ihrem Herzen lebendig. Und Jesus schritt voran in der Weisheit, in der Lebensreife und in der göttlichmenschlichen Anmut seines ganzen Wesens.«
(Luk. 2, 47–52)

In dieser Geschichte wird nicht von Maria, sondern von der Mutter gesprochen. Das Leid jeder Mutter muß auch sie durchmachen. Ihr Sohn trennt sich von ihr, und sie findet ihn ganz verändert wieder. Ein Mysterium hat stattgefunden, das Rudolf Steiner offenbart.[6] Die bedeutende Individualität des großen Eingeweihten, die in dem Jesusknaben des Matthäus-Evangeliums gelebt hat, ist in Leib und Seele des stillen, engelreinen Knaben aus dem Lukas-Evangelium eingezogen. Nun spricht aus ihm ein anderer, ein großer Meister, der später von den Wissenden als Meister Jesus verehrt werden sollte. Er vermag die Weisen im Tempel zu belehren. Für Maria ist das unbegreiflich. Sie versteht seine Worte nicht, und dennoch bewegt sie sie in ihrer Seele. So wird sie später, wann immer das sei, deren Wahrheit erfahren. Wieder ist es ihr Umgang mit dem Wort, der sie durch dieses unbegreifliche Geschehen rettet und ihr ermöglicht, mit dem veränderten Knaben weiter zu leben.

Um das zwölfte Lebensjahr beginnt sich in jedem Menschen seine Individualität bemerkbar zu machen. Auch wenn kein Austausch der Persönlichkeit stattfindet, ist das für alle Eltern eine Prüfungszeit. Sie suchen ihr ihnen so vertrautes Kind und haben plötzlich ein neues, fremdes Wesen vor sich. Jetzt kommt es darauf an, daß das männliche Wesen in der Umgebung des Kindes sich wenigstens indirekt von ihm belehren läßt, sich von ihm etwas sagen läßt. Die Kinder halten den Eltern in dieser Zeit oft einen Spiegel vor, oder sie zeigen ihnen, daß sie nicht der Besitz, das Erzeugnis der Eltern, sondern eine ganz eigene Individualität sind.

Viel gibt es für Eltern zu lernen, wenn sie diese Zeit der Ablösung menschengemäß bestehen wollen. Das weibliche Wesen in der Umgebung des Kindes bewegt Worte in sich, auch wenn sie nicht versteht, was im einzelnen gemeint ist. Solche Worte sind die Weisungen

46

großer Pädagogen oder der Heiligen Schrift. Es sind Fürbitten für die Seele des Kindes, auf die man nur noch wenig direkten Einfluß nehmen kann. Solche Worte können auch ein aktives Schweigen an Stelle von immer wiederkehrenden, das Kind taub machenden Mahnungen und Drohungen sein. So zieht sich das Bewahren und Bewegen von Worten als höchste Kraft durch das Leben der lukanischen Maria und ebenso durch das Leben jeder Frau und durch das weibliche Wesen, durch die Seele in jedem Menschen, die sich an dem geistigen Urbild der Frau orientieren und daraus Kraft zum Verwandeln des Leidens schöpfen will.

DIE MUTTER

Im Johannes-Evangelium wird Maria nie mit ihrem Namen genannt. Wenn von ihr gesprochen wird, dann wird sie »die Mutter Jesu« genannt. Nimmt man die Aussagen hinzu, die Rudolf Steiner in seinem »Fünften Evangelium«[7] gemacht hat, dann muß man feststellen, daß diese »Mutter« gar nicht die leibliche Mutter Jesu war. Der Jesusknabe aus dem Matthäus-Evangelium, dessen Individualität in den lukanischen Knaben eingezogen war, ist bald nach dem Ereignis im Tempel gestorben, wie Rudolf Steiner aus seiner geisteswissenschaftlichen Forschung berichtet. Zur gleichen Zeit stirbt auch die Maria, die das Lukas-Evangelium schildert. Da entsteht eine neue Beziehung zwischen der Maria des Matthäus und dem Jesusknaben des Lukas, in dem sie so

viel von der Weisheit ihres verstorbenen Knaben erkennt.

So wird sie von Johannes »die Mutter Jesu« genannt.
Durch sie ist eine ganz neue Art des Mutterseins in die
Welt gekommen. In zwei Szenen spricht das Johannes-
Evangelium von ihr. Am Anfang ist sie in besonderer
Weise an der ersten Zeichentat beteiligt, die er bei der
Hochzeit zu Kana vollzieht. »Er offenbarte so seine
Doxa, sein strahlendes Wesen« (Joh. 2, 11), und die Mut-
ter verhalf ihm dazu. Am Ende seines Erdenlebens steht
sie mit dem Jünger, den der Herr lieb hat, unter dem
Kreuz und beginnt dort, durch Ihn gestiftet, eine neue
Mutterbeziehung.

Die erste Geschichte (Joh. 2) beginnt mit dem Hinweis
auf eine Hochzeit. Unter den geladenen Gästen wird die
Mutter Jesu als erste genannt und danach erst Jesus und
seine Jünger. Es sollte eine Hochzeit sein, an der dieses
erste Zeichen Jesu sich ereignete und bei der seine Mutter eine wichtige Aufgabe erfüllte. Hochzeit ist das Zusammenwirken des Männlichen und des Weiblichen.
Aber bei dieser Hochzeit fällt der Blick nicht auf die leibliche und seelische Vereinigung, sondern auf das Zusammenwirken zweier Weltprinzipien. Das Weibliche erscheint in der Gestalt der Mutter. Die Mutter ist Repräsentantin der Vergangenheit. Der Sohn ist der Repräsentant der Zukunft. Diese Mutter Jesu, die leiblich und seelisch gar nicht seine Mutter ist, repräsentiert die Menschheit, wie sie aus der Vergangenheit bis zu dieser Zeitenwende geworden ist. Sie ist die Menschenseele, die den
Eingang, das Tor zur Menschheitsseele darstellt. Durch
ihr Dasein ist die Menschheitsseele anwesend.

»Als der Wein zur Neige ging, spricht die Mutter Jesu
zu ihm: Sie haben keinen Wein mehr. Und Jesus antwortet ihr: Achte auf die Kraft, o Weib, die da webet
zwischen mir und dir. Noch ist meine Stunde nicht
gekommen. Da spricht seine Mutter zu den Dienern:
Tut, was er euch sagen wird! Es standen dort sechs
Wasserkrüge, die den jüdischen Reinigungsgebräu-
chen dienten. Ein jeder faßte zwei oder drei Maß. Und
Jesus spricht zu den Dienern: Füllet die Krüge mit
Wasser! Und sie füllten sie bis an den Rand. Und er
spricht weiter: Schöpfet nun daraus und bringet es
dem Leiter des Mahles! Und sie brachten es ihm. Der
Leiter des Mahles wußte nichts vom Ursprung dessen,
was man ihm reichte; nur die Diener, die das Wasser
geschöpft hatten, wußten davon. Und als er von dem
Wasser kostete, das zu Wein geworden war, ruft er den
Bräutigam herbei und spricht so zu ihm: Sonst pflegt
doch jedermann zuerst den guten Wein zu geben und
dann, wenn die Gäste trunken sind, den geringeren.
Du aber hast den guten Wein bis jetzt zurückbehalten.
– Diesen Urbeginn seiner Zeichentaten vollbrachte
Jesus zu Kana in Galiläa. Die strahlende Lichtgewalt
seines Wesens machte er dadurch offenbar, und seine
Jünger glaubten an ihn.«
    (Joh. 2, 1–11)

Der Sohn, Christus, ist der Repräsentant des Ichwesens,
aus dem in Zukunft alle Menschen die Heilung, die
Ganzwerdung, die Ichwerdung erlangen sollen. »Seine
Stunde ist noch nicht gekommen«, denn er ist noch nicht
durch den Tod gegangen, er steht erst am Anfang seines
Einzugs in das Menschentum. Doch im Zusammenwirken mit der Mutter stellt er im irdischen Vollzug das Ur-

bild in die Welt. Die Vergangenheit, so, wie sie in der Gegenwart erlebt wird, zeigt uns, was fehlt, was zu Ende gegangen ist, was auf neue Weise bewirkt werden muß, nicht mehr aus den Kräften der Natur, sondern aus den Kräften des Ich, des schöpferischen Geistes. Die Mutter macht Jesus darauf aufmerksam, daß der Wein, der auf natürliche Weise entstanden ist, mangelt. Und er macht sie aufmerksam auf etwas Übernatürliches mit den Worten: Ti emoi kai soi, wörtlich übersetzt: Was mir und dir? Er greift auf, was aus der alten Menschheit durch die Mutter ihm zuströmt und leitet es über in ein Zukünftiges. In der alten Menschheit diente der Wein dazu, die Geistigkeit, die Ichhaftigkeit, die der Mensch außerhalb seines Leibes über sich erlebte, in die Leiblichkeit hereinzuholen. Es war eine Art Droge im umgekehrten Sinn, wie heute Drogen verwendet werden.

Die Menschen kamen nicht außer sich durch den Genuß des Weines, sondern in sich. Darum wurden z.B. Dionysos- und Bacchuskulte gepflegt, den Göttern mit Wein gehuldigt. Von nun an sollte die Menschheit durch die Verbundenheit, die Einigkeit mit Christus zu sich kommen, auf Erden die innere Führerschaft in sich entwickeln. Aus dem Alten geht das Neue hervor, aus der geistigen Mutter der geistige Sohn. Die Jünger sind Zeugen dieses Geschehens. Sie bewirken es nicht mit, aber in ihnen erwacht im Miterleben zum ersten Mal eine Ichkraft, die im Evangelium Glaube genannt wird. Die Mutter Jesu ist auch die Mutter dieser Glaubenskraft in denen, die mit Ihm verbunden sind. Aus dem alten Glauben an die Götter *über* dem Menschen wird der neue Glaube an den Gott *im* Menschen geboren.

Diese geheimnisvolle Geschichte kann ihre Entsprechung in jedem Menschen finden. Wieviel tragen auch wir aus Vergangenheiten in unserer Seele, aus Kindheit und Jugend, aus uralten karmischen Zusammenhängen! Wir lieben diese Beziehungen, die Begabungen, die Erinnerungen, die wir von früher in unser jetziges Leben nehmen. Wir genießen sie, bis wir eines Tages bemerken, daß sie verbraucht sind wie der natürliche Wein bei der Hochzeit zu Kana. Dann muß unsere Seele sich mit einer neuen Kraft verbinden, einer schöpferischen, verwandelnden Kraft, mit dem »in Liebe wesenden Sohn«.[8]

Die Hinwendung zu einem anderen Wesen kann so geschehen, daß ich ihm helfe, etwas von dem, was er wirklich ist, zur Erscheinung zu bringen. Das geschieht durch den Glauben an dieses Wesen und durch die Kenntnis von ihm. Wenn ich es kenne, kann ich an es glauben, und darin lebt eine besondere, neue Liebe. Dann können wir zusammen »Wunder« vollbringen. Was vorher für unmöglich gehalten wurde, wird da möglich. Wie viele Menschen haben im Sozialen solche Wunder vollbracht, indem sie einem Kind, einem Jugendlichen, einem Hilfsbedürftigen ermöglichten, etwas von ihrem wirklichen Wesen darzuleben. Und es entsteht dabei die neue Liebe zwischen dem, der half, und dem, der sich offenbart. Es ist so etwas wie ein Mutter-Sohn-Verhältnis.

Das kann auch im Umgang mit einem Kunstwerk oder in der Anschauung der Natur geschehen. Wenn ein Mensch die Welt nicht nur aus dem natürlichen Gefühl heraus schön findet, sondern sich in sie hineinhört, hinein sieht, lebendig hinein denkt, dann wirkt er mit dem Schöpfergott zusammen, mit der Idee, die sich durch die Musik, durch die Pflanze offenbart. Und statt des »alten Weines« entsteht auch hier die neue Liebe. Ein Stück

Natur, ein Kunstwerk lieben wir ganz anders, wenn wir unsere mitgebrachten Gefühle ihnen gegenüber durch inneres Nachschaffen verwandeln in eine neue Liebe, in der das eigene Wesen sich dem anderen in Aufmerksamkeit, Wachheit, Einfühlung, Glauben hingibt. Die Seele – die Mutter – und der Schöpfergeist wirken zusammen, um diese Verwandlung von alter zu neuer Liebe zu bewirken. Darum ist dieses erste Zeichen, das Jesus durch die Vermittlung seiner Mutter vollbrachte, bei einer Hochzeit geschehen, dem Fest der Liebe.

Noch ein einziges Mal spricht das Johannes-Evangelium von der Mutter Jesu (Joh. 19). Diesmal ist »seine Stunde gekommen«, die Stunde, in der er im Sterben am Kreuz ausrufen kann: »Es ist vollbracht.«

In dieser Stunde stehen unter dem Kreuz drei Frauen, die alle den Namen Maria tragen und nach der Erfüllung des Marienwesens streben: Maria, des Kleophas Weib, Maria Magdalena und »die Mutter Jesu«, sonst Maria genannt. Dazu der Jünger, den der Herr lieb hat.

> »Als nun Jesus seine Mutter dastehen sah und den Jünger, den er liebhatte, sprach er zu der Mutter: Weib, siehe, das ist dein Sohn. Und dann sprach er zu dem Jünger: Siehe, das ist deine Mutter. Und von der Stunde an nahm sie der Jünger zu sich.« (Joh. 19, 26–27)

Das ist die Steigerung, die Vollendung dessen, was bei der Hochzeit zu Kana geschah. Christus überträgt diese neue Liebe, dieses neue Verhältnis zwischen Mutter und Sohn vom Kreuz herab auf diese beiden Menschen. Durch dieses geistige Verhältnis zwischen Mutter und Sohn wird es möglich, daß Johannes die Offenbarung der Menschheitszukunft empfängt, und daß er das Johannes-Evangelium schreibt. Diese Mutter wurde im Sterben des Sohnes zur Mutter aller derer, die auf dem Wege sind, Jünger zu werden, die der Herr lieb hat. Wer beginnt, im Johannes-Evangelium zu leben, der begibt sich auf den Weg, ein solcher Jünger zu werden, und er nimmt die Mutter Jesu zu sich, die vom Geist erfüllte Seele. Als Sehnsucht und als ein letztes Ziel jedes Menschen senkt das Johannes-Evangelium das Bild in unsere Seele, ein Sohn dieser Mutter zu werden. Sie steht auch heute unter dem Walten des Heiligen Geistes, der uns einander in Liebe erkennen, der uns an einander glauben läßt.

Im Erdenleben Gott schauen

Die jugendliche Maria, von welcher Lukas spricht, hat vor und nach der Geburt ihres Kindes jeweils eine Begegnung mit einer alten Frau. Schon der Engel der Verkündigung spricht zu ihr von ihrer Freundin Elisabeth, die unfruchtbar war und ein Leben lang unter dieser Schmach, als die man die Kinderlosigkeit in ihrem Volk ansah, gelitten hatte, und die nun trotz ihres Alters schwanger geworden war. Maria kann dem Engel glauben, nimmt teil an der Freude ihrer Freundin und geht über das Gebirge, sie zu besuchen.

Der Mann von Elisabeth, der Priester Zacharias, hat keine solche Glaubenskraft. Ihm wird durch einen Engel die bevorstehende Geburt des Kindes und die Bedeutung seiner Persönlichkeit mitgeteilt, ihm wird der Name des Kindes genannt, Johannes. Aber er glaubt nicht, daß die

Naturgesetze durchbrochen werden können. Er ist ein frommer Jude und lebt in der Denkart, die von diesem Volk als erste entwickelt wurde. Das jüdische Volk ist mit dem Verstandesdenken der ganzen Menschheit vorangegangen. Sich im Denken immer mehr vom Geistigen zu lösen und sich dem Irdischen zuzuwenden, das ist eine männliche Kraft. Dieser Weg in die Materie entsprach der göttlichen Weltordnung. Der Sohn Gottes ist ihn existentiell gegangen und hat ihm als erster durch die Überwindung des Todes, des tiefsten Punktes auf diesem Weg, wieder die Richtung zum Geiste gegeben, lange bevor die Menschheit im ganzen zu diesem tiefsten Punkt, dem Materialismus, gelangt war. So kann man verstehen, daß im Judentum eine Männerkultur vorherrschend war. Und aus dem gleichen Grunde sind durch die Jahrhunderte, in denen die Menschheit sich immer mehr mit der Materie verband und aus dem geistverlorenen Denken die heutige zivilisierte Welt entwickelte, in allen äußeren Verhältnissen Männer vorherrschend gewesen.

Heute, da die Menschheit dem Christus entgegengeht, der nun auf neue Weise erlebt werden kann, ist es an der Zeit, daß die weibliche Art des Denkens und Wirkens sich mit der männlichen Art verbindet. Wo das geschieht, wird das Denken und Tun menschengemäß. Die Verhältnisse sind dann nicht mehr einseitig männlich geprägt, nämlich nur das Materielle gelten zu lassen und zum Maßstab zu machen, sie sind dann aber auch nicht einseitig weiblich geprägt, indem das Denken ausgeschaltet oder als »kopfig«, »verkopft« abgelehnt wird und das Gefühl Schauplatz der Entscheidungen und Maßstab für das Handeln wird. Was in der materiellen Welt geschieht kann dann als Äußerung des Geistes erlebt werden, und was als Geist, als Idee, als Wahrheit gedacht und erkannt wird, kann in irdische Taten umgesetzt werden. Wenn weibliche und männliche Seelenart zusammenwirken, entsteht das wahrhaft Menschliche. So können eine menschengemäße Medizin, Pädagogik, soziale Strukturen, eine erneuerte Religion und vieles mehr gelebt werden, denn menschengemäß ist zugleich geistgemäß.

Der Kampf der Frauen um Gleichberechtigung in unserer Zeit entspringt dieser Notwendigkeit, aber er spielt sich zum großen Teil auf männliche Weise ab, männlich im Hinblick auf die Welt der Materie, der bloßen Naturgesetze, des äußeren Wohlstands und nicht im Hinblick auf geistige Wirksamkeiten und Tatsachen. Das gilt es zu erkennen.

Im Gewande der Sitten um die Zeitenwende stellt das Evangelium das Zusammenwirken männlicher und weiblicher Denkweise vor uns hin. Zacharias, der sogar noch einen Engel erleben kann, kann dennoch dessen Worten nicht glauben. Der Glaube an das Naturgesetz ist stärker. Dafür muß er etwas erfahren, was gegen das Naturgesetz geht. Ohne körperlichen Anlaß, Krankheit oder Unfall verliert er die Sprache. Seine Frau Elisabeth wird schwanger. Zacharias konnte seiner Frau nicht mitteilen, was der Engel ihm über die Persönlichkeit des Kindes gesagt hatte. Aber als Maria zu ihr kommt und das Kind in Elisabeths Leib sich bewegt, als wolle es das Kind im Leibe der Maria begrüßen, da erfährt Elisabeth in wahrer Intuition alles über diese beiden Kinder und nennt Maria »die Mutter des Herrn«. Es heißt: Sie wurde vom Heiligen Geist erfüllt. Es ist der Geist der Zusammenschau. Der Menschengeist sieht Einzelheiten, getrennt vom Ganzen. Der Gottesgeist bewirkt, daß vorher und nachher, über uns und unter uns, innen und außen zugleich geschaut und gedacht wird. In dem Segenswort, das Elisabeth zu Maria spricht, lebt diese Schau des Ganzen und gibt ihren Worten die Kraft des geistig Wirklichen, die im Lobgesang der Maria weiter wirkt.

Später, als das Kind der Elisabeth geboren ist, geht es um den rechten Namen. Man will ihm den Namen des Vaters, Zacharias, geben. Elisabeth aber erhebt Einspruch. Sie weiß um die Individualität dieses Menschen, der nicht nur ein Mitglied des Stammes ist und darum nicht einen Namen aus der Sippe erhalten darf. Sie sorgt dafür, daß der stumme Zacharias gefragt wird. Der schreibt auf eine Tafel: Er heißt Johannes. Ihr Wissen und sein Wissen, ihre Denkart und seine Denkart durchdringen sich, werden eins. In diesem Augenblick löst sich seine Zunge, und er erhält die Sprache zurück. Erfüllt vom Heiligen Geist spricht er einen Hymnus, der die ganze Menschheitsgeschichte, die Geschichte seines Volkes und das Schicksal seines Sohnes umfaßt. Was in Elisabeth leibhaftig gelebt hat, das wird von Zacharias in Gedanke und Wort hinzugefügt. So tritt die Wahrheit geistig und leiblich zugleich auf den Plan. Johannes der Täufer ist geboren, der Wegbereiter des Herrn. Die alte Frau Elisabeth als eine durch irdische und geistige Lebensvorgänge wissend Gewordene ist ein Urbild für das Wesen des Weiblichen. Wenn es in behutsamer und zugleich starker und eindeutiger Weise mit diesem Wissen umgeht, wird es zur Segenskraft, zur Sprache und Tat des Heiligen Geistes. Wer je von einer alten Frau gesegnet wurde, kennt die Realität eines solchen Ereignisses.

Die Prophetin Hanna begegnet Maria 40 Tage nach der Geburt ihres Kindes im Tempel. Zunächst wird ausführlich die Segnung des alten Priesters Simeon geschildert, für den die Begegnung mit dem Jesuskind die Erfüllung seines Lebens bedeutet.

> »Es war dort auch die Prophetin Hanna, eine Tochter Phanuels aus dem Stamme Asser. Sie war hochbetagt. Sieben Jahre hatte sie nach ihrer Jungfrauschaft als Gattin gelebt, und nun war sie als Witwe vierundachtzig Jahre alt geworden. Nie verließ sie den Tempel und diente Tag und Nacht unter Seelenübung und Gebet. In jener Stunde trat auch sie herzu und sandte ihr dankerfülltes Bekenntnis zur göttlichen Welt empor; und sie sprach von dem Kinde zu allen, die in Jerusalem das Heil erwarteten.« (Luk. 2, 36–38)

Elisabeth, die im hohen Alter noch ein Kind gebiert, und Hanna, die alte Frau, die die längste Zeit ihres Lebens verwitwet ist und durch dieses Schicksal ein jungfräuliches Leben führt, sie beide geben dem Jesuskind ihre aus dem Heiligen Geist stammende prophetische Segenskraft mit auf den Weg. Hanna war sieben Jahre verheiratet. Sie kannte die leibliche Seite des Frauseins. Danach hatte sie sich ganz der geistigen Seite des Frauseins gewidmet. Sie lebte dem Geiste zugewendet in Gebet und Fasten: Es kamen Menschen zu ihr, denen sie aus ihrer Gottverbundenheit helfen und raten konnte.

Die Begegnung mit Maria und dem Kind war für sie eine Wende in dieser Gottverbundenheit, denn nun muß sie nicht mehr gen Osten, zur Sonne im Aufgang blicken, wenn sie sich an Gott wendet. Jetzt weiß sie, daß Er auf der Erde angekommen ist. Im Erdenleben Gott zu sehen, das war jetzt das große Geschenk, das allen Menschen zuteil werden sollte. Davon sprach sie zu denen, die zu ihr kamen.

Elisabeth zeigt, daß die weibliche Denkweise in die männlich gewordene Kultur aufgenommen werden muß. Hanna zeigt, daß das Leben im Geiste zugleich ein neues Leben auf Erden ist. Durch Christus bekommt das weibliche Wesen die Möglichkeit, das Göttliche im Irdischen zu erleben. Die Frau muß sich nicht in ein Kloster aus dem Irdischen zurückziehen, sondern der Alltag gibt ihr Gelegenheit, sich zu üben, in allen geringsten Brüdern, in allen Aufgaben, die ihr gestellt werden, etwas vom Göttlichen, das ins tiefste Irdische eingegangen ist, zu finden.

Einander verstehen

Jeder Mensch trägt in seiner Seele den tiefen Wunsch, verstanden zu werden, in seinem wahren Wesen erkannt zu werden. Aber wie selten erfüllt sich dieser Wunsch! Gerade die Menschen, die uns nahestehen, bereiten uns in dieser Beziehung immer wieder Enttäuschungen. Und von ihnen erwarten wir doch mehr als von anderen, daß sie uns kennen. Aber die natürliche Sympathie und die Tatsache, daß man einander gern hat, birgt auch die Gefahr in sich, daß man den anderen idealisiert, daß man sich ein Bild von ihm macht, wie man ihn gern sehen möchte. Und dann kommt eines Tages das grausame Erwachen in der Erkenntnis, daß der andere diesem Bild nicht entspricht. Sehr oft gerät man dann in die entgegengesetzte Haltung. Man sieht dessen Schwächen und Schwierigkeiten größer als alles andere.

Ein Negativbild entsteht, und man bleibt in einer engen, aber verneinenden Beziehung zu ihm verhaftet. Wer wirklich einen Menschen im Kern verstehen will, der muß ihn sich erst einmal zu einem Fremden machen. Er muß anerkennen, daß jeder eine andere Seelensprache spricht, und muß aushalten, wenn man zunächst aneinander vorbei redet.

Aber nicht nur als Fremde müssen sich zwei Menschen begegnen, sondern zugleich müssen Geist und Seele, Männliches und Weibliches, irdische und geistige Sichtweisen in ihnen aktiviert werden. Nicht nur einer ist es, der den anderen versteht. Jeder gibt sich auch selbst zu erkennen in diesem Prozeß. Wenn nur einer den anderen »behandeln« will, damit dieser sich selbst erkennen möge, dann gerät dieser Weg sehr bald in eine Sackgasse. Es kommt weder eine Selbsterkenntnis zustande, noch verstehen beide einander wirklich.

Die Geschichte von der Samariterin am Brunnen (Joh. 4) zeigt uns, wie das Erkennen und Sich-zu-erkennen-Geben vor sich geht zwischen zwei Fremden, zwischen einem Mann und einer Frau, zwischen dem göttlichen Ich und der Menschenseele. Sie beginnt auf der Ebene, auf der sich die Frau befindet, die zum Brunnen kommt, um Wasser zu schöpfen, wie sie es jeden Tag aufs neue tut. Jesus ist müde und durstig, wie es jeder Mensch um diese Mittagszeit nach langer Wanderung wäre. Er bittet sie um einen Trunk Wasser.

> »Da sagt die samaritanische Frau zu ihm: Wie kannst du als Jude von mir, einer Samaritanerin, einen Trunk erbitten? Die Juden mieden nämlich jeden Umgang mit den Samaritanern. Jesus antwortete: Wüßtest du etwas von der Kraft, die Gott uns gibt, und kenntest du

den, der zu dir spricht: gib mir zu trinken, du würdest ihn bitten, und er würde dir das Wasser des Lebens geben. Da spricht sie: Herr, du hast nichts zum Schöpfen, und der Brunnen ist tief. Woher willst du das lebendige Wasser nehmen? Bist du denn größer als unser Vater Jakob, der uns diesen Brunnen gab und selbst mit seinen Söhnen und seinen Herden daraus trank? Jesus antwortete ihr: Jeden, der von diesem Wasser trinkt, wird von neuem dürsten. Wer aber von dem Wasser trinkt, das Ich ihm gebe, dessen Durst wird für diese Weltenzeit gestillt. Das Wasser, das Ich ihm gebe, wird in ihm zu einem Quell des Wassers werden, das in das wahre Leben strömt. Da spricht die Frau zu ihm: Herr, gib mir dieses Wasser, damit mich nie mehr dürste und ich nicht mehr herzukommen brauche, um zu schöpfen.

Er sagt zu ihr: Geh, rufe deinen Mann, und komm dann wieder her. Da sprach die Frau: Ich habe keinen Mann. Jesus spricht: Du sagst mit Recht, du habest keinen Mann. Fünf Männer hattest du, und der, den du jetzt hast, ist nicht dein Mann. Du hast also wahr gesprochen. Da spricht die Frau zu ihm: Herr, nun sehe ich, daß du ein Prophet bist. Unsere Väter haben auf diesem Berge angebetet; ihr aber sagt, nur in Jerusalem sei die Stätte der Anbetung. Jesus antwortet: O Weib, vertraue mir: Es kommt die Stunde, da ihr weder auf diesem Berge noch in Jerusalem dem Vater euren Dienst verrichten werdet. Eure Anbetung gilt einem Wesen, das sich eurem Bewußtsein entzieht. Unser gottesdienstliches Leben geht mit dem erkennenden Bewußtsein Hand in Hand. Deshalb mußte sich unter den Juden das Heil der Menschheit vorbereiten. Einmal kommt eine Stunde, und sie ist schon da, dann werden die wahren Gottesverehrer den Vater mit der Kraft des Geistes und in der Erkenntnis der Wahrheit anbeten. Und der Vater verlangt nach den Menschen, die ihn auf diese Weise anbeten. Gott ist Geist, und die ihn anbeten, müssen es mit der Kraft des Geistes und in der Erkenntnis der Wahrheit tun. Da sagt die Frau zu ihm: Ich weiß, daß der Messias kommt, den man den Christus nennt. Wenn er kommt, so wird er uns alles verkünden. Jesus sagt zu ihr: Ich bin es, der mit dir spricht.«

Nachdem Jesus die Frau um Wasser gebeten hatte, richtet sie die Fremdheit zwischen sich und ihm auf: »Du, ein Jude, bittest mich, eine Samariterin ...« Für ihn ist jeder *Mensch*, jenseits von Volk und Rasse. Aber für den Prozeß des Erkennens läßt er die Fremdheit zu, die sie heraufführt. Er spricht nicht weiter in ihrer Sprache, sondern spricht von jetzt in seiner Seelensprache. Er spricht nicht mehr vom Durst des Leibes, der durch äußeres Wasser gestillt wird, sondern vom Durst der Seele nach lebendigem Wasser, das er, der Logos, der Wortesgott, spenden kann, wenn man ihn bittet. Diese Sprache versteht sie nicht. Sein Wort ist nicht Information, sondern Quelle, Strom, Leben spendend. Sie aber bleibt noch auf der Ebene der Information: Wie will er ohne Eimer aus diesem tiefen Brunnen Wasser schöpfen? Ganz vorsichtig begibt sie sich aber schon einen Schritt ihm entgegen: »Bist du mehr als unser Vater Jakob, der uns diesen Brunnen gab?« Gibt es vielleicht noch etwas anderes, das Sicherheit verleiht, als die Blutkräfte, die Zugehörigkeit zu Sippe und Volk?

Nun weist er sie auf die besondere Eigenart dieses Wassers hin, daß man nämlich nicht immer wieder hingehen muß, um Durst zu stillen, sondern daß es im Menschen selbst zur Quelle wird, die ins ewige Leben fließt und den Durst für immer nimmt. Wovon spricht er? Von dem Wortwesen, das in jedem Menschen quillt. Ist es nicht eine wunderbare Quelle, daß wir innerlich mit jedem Wesen sprechen können, mit einem fernen, vielleicht schon verstorbenen Menschen, mit der Natur, mit uns selbst, mit Wesen über uns? Die meisten Menschen haben diesen Quell noch gar nicht entdeckt. Sie reden zwar, außer im Schlaf, ununterbrochen innerlich vor sich hin. Es ist den meisten nicht bewußt, wie sie alles, was sie den Tag über unkontrolliert denken, in Sprache bringen. Der Dialog mit sich selbst reißt fast nie ab, entweder bezogen auf das, was war, oder was noch bevorsteht.

Erst, wenn dieser unbewußte Sprachfluß zum Versiegen gebracht wird, können wir das Wasser aufnehmen, das Jesus gibt und das in uns zu einer Quelle wird. Aus dieser Quelle kommt die Sprache, in der ich ganz und gar darinnen bin, die aus dem Schweigen hervorgeht und die Sprache meines Ich ist. Auch die Sprache meines Gebetes, eines Mantrams, eines Rituals, die einmal geformt wurde, muß ich mit meinem Darinsein erfüllen, wenn sie der Seele Durst stillen soll. Dieses Sprechen selbst ist schon das ewig Durstlöschende. Alle, die solche Wortquellen pflegen, Gebete, Fürbitten, Fragen an die geistige Welt, Kultus zur Heiligung der Schicksalswege, alle, die auf neue, ihnen eigene bewußte Weise im Worte leben, sind auf dem Wege des Einander-Erkennens. Wenn die Seele, die ins Gespräch mit dem Wortwesen, mit Christus, gekommen ist wie damals die Samariterin, auch noch lange nicht versteht, worum es sich handelt und was da geistig geschieht, befindet sie sich doch mitten im Prozeß und kann sagen: »Herr, gib mir allezeit solches Wasser.«

Diese Bitte veranlaßt Christus, dem ganzen Vorgang eine überraschende Wendung zu geben mit dem Auftrag: »Geh, rufe deinen Mann.« Was hat das mit ihrer Bitte um lebendiges Wasser zu tun? könnte die Frau denken. Aber sie geht auf sein Wort ein und bekennt: »Ich habe keinen Mann.« Er lobt sie für ihre Offenheit und führt ihre Aussage weiter aus: »Fünf Männer hattest du, und der, den du jetzt hast, ist nicht dein Mann. Du hast also wahr gesprochen.« Indem er sie zur Selbsterkenntnis führt, kommt sie in der Erkenntnis seines Wesens auch einen Schritt weiter. »Ich sehe, daß du ein Prophet bist.« Sie bewegen sich aufeinander zu. Er spricht die Sprache ihres Schicksals, und sie stellt die Frage, die sie so noch keinem stellen konnte, weil jeder seine Sichtweise vertreten hätte, die sie schon kannte.

Die Frage lautet: Welches ist der rechte Ort zur Anbetung Gottes? Ein Samariter hätte ihr geantwortet: Auf dem Berge. Ein Jude hätte geantwortet: Im Tempel von Jerusalem. Aber dieser hier spricht nicht aus der Tradition, sondern aus der Wahrheit, aus sich selbst. Sie erhält die Antwort, die über Zeit und Raum hinüberreicht, ewig gültig: »Gott ist Geist, und die ihn anbeten, müssen ihn im Geist und in der Wahrheit anbeten.« Jetzt sind sich die beiden schon ganz nahegekommen. Sie versteht seine Sprache, und es erwacht in ihr der Gedanke an den Messias. Sie sagt nicht: Du bist es, aber indirekt sagt sie es doch, wenn sie meint, daß der Messias es ist, der sie alles das, was er eben gesagt hat, einmal lehren wird. Indem sie ihn erkennt, gibt er sich ihr zu erkennen: »Ich bin es, der mit dir spricht.« Ein Dreifaches offenbart sich ihr in diesem Moment. Er ist der Messias. Er ist der Sprechende, also der Wortquell, der in ihr von nun an ewig fließen wird. Und ihr gegenüber spricht er zum ersten Mal sein Wesenswort: Ego eimi – Ich bin.

Jede Seele, die im beschriebenen Sinne um das eigene Wort ringt, nähert sich dem göttlichen Wortwesen. Das erkennt sie daran, daß sie für Schicksale aufmerksam wird. Sie bemerkt Fügungen in ihrem eigenen Leben und sieht den anderen nicht mehr nur so, wie er jetzt vor ihr steht, sondern sie sieht, wie es kam, daß er so geworden ist, und was noch in ihm ruht, bis es sich später zeigen kann.

Schicksalsverständnis ist der nächste Schritt auf dem Wege, einander zu verstehen. Und dann kommt die große Frage, die Goethe Gretchen an den Faust stellen läßt: »Wie hältst du es mit der Religion?« Das ist eine Klippe, die genommen werden muß, bevor die Erkenntnis des eigenen wie des fremden Wesens wirklich eintreten kann. Heute geht es nicht mehr um den Ort wie damals, heute sagen die einen: Wenn du nicht diese Religion hast, die für mich die einzig wahre ist, dann stimmt es nicht mit dir, dann mußt du dich noch ändern, dann kannst du mich nicht verstehen. Die anderen sagen: Mir ist es gleich, welche Religion du hast, auch wenn du gar keine hast. Religion spielt keine Rolle. Wir können uns auch ohne Religion verstehen.

Beide Einstellungen führen immer wieder dazu, daß man einander nicht versteht. Wie kann also diese Klippe genommen werden ohne Fanatismus und ohne Gleichgültigkeit gegenüber dem geistigen Wesen des anderen? Indem jeder versucht, den anderen zu fördern, mit sich selbst im Einklang zu sein. Auch wenn ich meine, daß der andere mich nicht versteht, nehme ich ihn als mir vom Schicksal gesandt, als einen, der mir etwas zu sagen hat. Mein Alltagsmensch beschwert sich z.B. über ihn, daß er sich in dem, was er gegen mich durchsetzen will, ständig wiederholt, daß er immer wieder die gleichen Reden führt, die gleichen Ausdrücke benutzt. Was will mir das sagen? Einerseits, daß er sich mir gegenüber wie ein Gefangener fühlt, dem nichts mehr übrigbleibt, als mit denselben Fäusten an dieselbe Tür zu schlagen. Andererseits, daß ich mich prüfen soll, ob ich mich nicht ganz ähnlich immerfort im Kreise drehe und von meinen Argumenten nicht loskomme. Sobald ich mir in dieser Art von der Situation etwas sagen lasse, kann sich ein doppeltes Verstehen ereignen: Selbsterkenntnis und Erkenntnis des anderen und seiner Situation.

Das aber bedeutet, daß ich nicht mehr mir selbst und dem anderen entfremdet bin, sondern daß ich mit dem geistigen Menschen in mir und in dem anderen in Einklang stehe. Aus diesem doppelten Einklang erwacht in der Seele das Bewußtsein von dem, der kommen soll. Indem dieses Bewußtsein in der Seele sich ausbreitet, wird ihr blitzartig deutlich, daß sie auch in unserer Zeit zu dem Erlebnis der Samariterin gelangt ist, die durch das Gespräch erfährt: »Ich bin es, der mit dir spricht.« Durch das Leben im Geist und in der Wahrheit jenseits aller Bestimmungen überwinden wir die Hindernisse, die sich dem gegenseitigen Verstehen entgegenstemmen, und erkennen uns im Einklang mit dem, der mit uns spricht und sagt: »Ich bin.«

Umgehen mit der
menschlichen Sünde

Wie oft wird vom Menschen das Wort zitiert: »Wer von euch ohne Sünde ist, der werfe den ersten Stein auf sie«, und wie selten wird danach gehandelt! Es genügt nicht, diesen einen Satz zu kennen. Erst wenn man ihn im ganzen Zusammenhang versteht, bekommt man die Möglichkeit, danach zu handeln:

> »Da brachten die Schriftgelehrten und Pharisäer eine Frau herbei, die beim Ehebruch ergriffen worden war, und stellten sie in ihre Mitte. Dann sprachen sie zu ihm: Meister, diese Frau ist auf frischer Tat beim Ehebruch ergriffen worden. Moses hat uns im Gesetz geboten, solche Frauen zu steinigen. Was sagst du dazu? Das sagten sie, um ihn auf die Probe zu stellen und um einen Grund zur Anklage gegen ihn zu finden. Jesus jedoch beugte sich nieder und schrieb mit dem Finger in die Erde. Als sie nicht aufhörten, mit Fragen in ihn zu dringen, richtete er sich auf und sprach: Wer von euch von der Sünde frei ist, der werfe als erster den Stein auf sie. Und wieder beugte er sich nieder und schrieb in die Erde. Als sie seine Worte gehört hatten, gingen sie, zuerst die Ältesten, einer nach dem anderen hinaus. Schließlich blieb er ganz allein zurück und die Frau in der Mitte stehend. Da richtete sich Jesus auf und sprach zu ihr: Weib, wo sind sie nun? Verurteilt dich keiner? Sie sprach: Keiner, Herr. Da sprach Jesus: Ich verurteile dich auch nicht. Geh, und sündige von jetzt an nicht mehr!« (Joh. 8, 2–11)

Eine Frau ist des Ehebruches überführt worden. Die sie anklagen, wollen aber nicht in erste Linie, daß Recht gesprochen wird, sondern hinter der äußeren Frage nach Recht verbirgt sich eine Falle, die sie Jesus stellen wollen. Sie suchen schon lange einen Grund, ihn anklagen und verurteilen zu können. Jetzt stellen sie ihre Frage so, daß jede mögliche Antwort auf ihn zurückfallen wird: »Diese Frau ist des Ehebruches überführt worden. Moses hat geboten, solche zu steinigen. Was sagst du?« Hätte er dem Gesetz zugestimmt, wäre er vor sich selbst schuldig geworden. Hätte er nur aus dem Eigenen gesprochen, hätte er gegen das Gesetz verstoßen. So antwortet er ihnen zunächst gar nicht mit den von ihnen erwarteten Worten, sondern beugt sich nieder und schreibt mit dem Finger in die Erde. Die Frau steht in Todesangst in ihrer Mitte. Sie weiß, daß auf ihrem Vergehen Todesstrafe steht. Die Antwort, die sie erwarten muß, kommt aber nicht. Er schreibt etwas in die Erde. Sie mag wohl ein kurzes Aufatmen, eine kleine Entspannung empfunden haben. Für die Pharisäer dagegen wächst die Spannung. Warum sagt er nichts? Was soll das Schreiben in die Erde? Als er sich wieder aufrichtet, bedrängen sie ihn aufs neue, zu antworten. Und nun kommt die Antwort, die sie alle im Kern ihres Wesens trifft: »Wer von euch ohne Sünde ist, der werfe den ersten Stein auf sie.« Davor müssen alle Fallen, die sie ihm stellen wollen, alle Neben- und Hauptabsichten weichen.

Jeder fühlt sich getroffen. Alle äußere Autorität fällt von ihnen ab. Nur dieses Eigenwesen reagiert, es verbirgt nicht sein tiefes Getroffensein. Einer nach dem anderen verläßt den Tempel, bis nur noch die Frau übrigbleibt, »in der Mitte stehend«, wie es heißt. Er hat sich wieder niedergebeugt und schreibt in die Erde. Als er sich aufrichtet, sind alle Ankläger draußen. Nun fragt er die Frau: »Wo sind sie geblieben? Hat dich niemand verurteilen wollen?« »Nein, keiner«, sagte sie und fühlt sich schon jetzt erlöst. Wenn sie auch nicht weiß, was sein seltsames Verhalten bedeutet, so fühlt sie doch, daß hier das wahre Menschenrecht waltet, das dem Wesen jedes Menschen entspricht, das aus seinem Inneren stammt und nicht mehr von außen gesetzt und äußerlich befolgt wird. Sein Wort: »So verurteile ich dich auch nicht«, ist nicht ein Wort der Abhängigkeit: Weil diese es nicht tun, tue ich es auch nicht. Es ist ein Wort des Übereinstimmens. Das Verhalten Jesu und das der Schriftgelehrten stimmt überein in dem Bereich, der über dem Erdenmenschen ist, der sich über das Nur-Irdische erhebt. Sie stimmen im »Über« ein, werden im »Über« eins, einig. Die Frau ist in diesem Moment einbezogen in diese Übereinstimmung. Ja, ihr sündhaftes Verhalten hat den ganzen Vorgang ausgelöst. Ohne Christus wäre alles gemäß dem Gesetz verlaufen, wäre sie gesteinigt worden. Ohne Christus wären die Ankläger im Alten, Starren verhaftet geblieben, ohne das Erlebnis der Selbsterkenntnis. Jetzt geht es darum, nicht ins alte Verhalten zurückzufallen und wieder den Abgrund, die Sonderung zwischen dem Erden- und dem Übererdenmenschen zuzulassen. Das heißt: »Sündige hinfort nicht mehr.« So endet diese dramatische Geschichte. Eine weitere Rede an die Menschen im Tempel schließt sich unmittelbar an.

Aus dem vorangegangenen Verhalten des Christus gegenüber der Sünde geht das erste Wort hervor, mit dem Christus sein eigenes Wesen beschreibt als Lichtwesen: »Ich bin das Licht der Welt.« Auch hier ist es das Drama um eine Frau, um die Menschenseele, aus dem eine Wesensäußerung seines Ich hervorgeht, wie bei der Begegnung mit der Samariterin. Und für die anwesenden Menschen fügt er hinzu, was geschehen muß, damit das ehrliche Verhältnis zu sich selbst, das die Pharisäer gefunden haben, nicht wieder verlorengehe und von jedem Menschen errungen werden kann: »Wer mir nachfolgt, wird nicht im Finstern wandeln, sondern das Licht haben, in welchem das Leben ist.«

Jeder Mensch kennt in sich die Sünderin und kann auch den Pharisäer in sich kennen. Wenn wir beobachten, wie ein Mensch vorgeht, der einem anderen eine Falle stellen oder ihn moralisieren will, dann haben wir deutlich den Pharisäer vor uns. Er weist dem anderen mit vollem Recht seine Sünden nach und besteht auf gerechter Strafe.

Es ist die Seele in jedem Menschen, die den Ehebruch vollzieht, die Untreue gegenüber dem Geist, gegenüber dem Ichwesen. Das Weibliche in der Seele vergißt sich, läßt sich hinreißen vom Sinnesleben, verliert den Geist darin. Das kann aus Lust, das kann auch aus Not geschehen. Diebstahl, Ehebruch, Verleumdung, alle Abirrungen können sowohl aus Not, aus Mangel oder Bedrohung wie aus Schwäche gegenüber dem besseren Eigenen geschehen. Das Männliche in der Seele handelt starr, rechthaberisch, raffiniert, benutzt den Verstand, um zu beweisen, daß es recht hat. Dem anderen gegenüber ist der Mensch ein Pharisäer. Was tut er nicht alles, um ihn seiner Sünde zu überführen und sein eigenes Rechthaben herauszustellen. Und gerade das scheinbare Rechthaben, das aber nur einen Teil des anderen sieht, macht ihn blind für das Ganze und blind für sich selbst. Wir kennen das, wenn ein Mensch sich hineinsteigert in sein Rechthaben und so tut, als wolle er den anderen »bessern«, und doch nur im Sinn hat, ihn zu Fall zu bringen.

Er glaubt sogar selbst an die edlen Absichten, die er vertritt. Wohl ihm, wenn er etwas erleben muß, das ihm zeigt, daß er genauso sündhaft ist wie der von ihm Angeklagte. Wohl ihm, wenn er einsehen kann, daß das, was er sieht und verurteilt, nicht das Ganze ist, sondern daß noch viel dazu gehört, was vom Führer der Schicksale eingeschrieben wird in das weitere Erdenleben, ja sogar in spätere Erdenleben. Wem es widerfährt, daß er aus diesem Zirkel der Anschuldigungen gegenüber einem anderen herausgerissen wird, indem ihm bewußt wird: »Wer von euch ohne Sünde ist, der werfe den ersten Stein auf sie«, wer sich davon betroffen fühlt, bei dem wird aus einem Pharisäer ein Mensch. Der Pharisäer muß ihn verlassen, und die Sünderin in ihm wird nicht verurteilt, weil er sie im anderen nicht mehr steinigen will. Die Seele steht in der Mitte des Tempels, da wo der Christus steht, und sie wird sein Wort auf sich beziehen: »Sündige hinfort nicht mehr.«

Dazu muß der Mensch den Pharisäer in sich endgültig überwinden und die Gerechtigkeit in sich begründen. Er muß sein eigener Gesetzgeber werden, von Fall zu Fall neu. Dazu benutzt er das Wesenswort des Christus, das dieser in ihm spricht: »Ich bin das Licht der Welt.« In diesem Licht wird nicht nur das gesehen, was dem Alltagsmenschen sichtbar ist, sondern es wird das einbezogen – auch wenn wir den Wortlaut nicht kennen –, was Christus in die Erde schreibt.

Ist aber ein Mensch nicht Ankläger, sondern erlebt er sich als zu Recht angeklagt, dann muß er durch die Zone der inneren Todesnähe, um befreit zu werden. Sähe er sich, wie er wirklich ist, schonungslos, illusionslos, dann müßte er sterben vor Entsetzen, Scham und Angst. Aber im Augenblick der tiefsten Selbstbegegnung ist da ER, der den Ankläger im Menschen hinausschickt, der in die Erde schreibt, der spricht: »So verurteile ich dich auch nicht: Sündige von jetzt an nicht mehr.« Wer sich wirklich der eigenen Finsternis aussetzt, findet darin das: »Ich bin das Licht der Welt.«

Das männliche und das weibliche Element der Verfehlung hat jeder in seiner Seele. Die Ankläger müssen verschwinden, wenn die Sünderin, die Frau, dem wahren Menschen begegnet, dem Christus. Wer ihn als Licht des Lebens in sich zuläßt, wird selbst Mensch und eint in sich Mann und Frau, überwindet den Ehebruch zwischen Seele und Geist.

Zwiespalt der Seele und seine Heilung

Zwei Seelen wohnen, ach, in meiner Brust«, so läßt Goethe Faust klagen. Jeder kennt diesen Zwiespalt im eigenen Inneren. Oft hat man sogar den Eindruck, daß es noch mehr als nur zwei Seelen sind, die da toben, und daß sie gar nicht zu dem einen Menschen gehören, sondern ihn fremd besetzen. Früher sprach man eindeutig von Besessenheit. Heute meint man, daß ein Mensch sich eben sehr seltsam benimmt und außerdem abhängig ist von den Einflüssen seiner Umgebung.

Der Kranke hat oft selbst den Eindruck, daß andere Wesen aus ihm sprechen, handeln und denken. Was extrem als Krankheit erlebt und diagnostiziert wird, geschieht auch, in abgeschwächter Form, mit jedem Menschen, der sich nicht wiederfindet, wenn er sich verloren hat. Dann tritt an die Stelle des verlorenen Eigenen etwas, das er selbst geschaffen hat. So wie Goethes Zauberlehrling Wesen schafft, die er nicht mehr beherrschen kann, die ihn überwältigen, so kann auch der Mensch Wesen schaffen, die ihn beherrschen. Und nur der Meister, der das rechte Wort kennt, kann Herr der Situation werden.

Es gehört zum Menschsein, daß er sich verlieren oder sich selbst vergessen kann, das kann in einer Aufgabe, einer Arbeit oder im Anblick von etwas Schönem geschehen, er kann ganz in Bewunderung versinken. Aber wer sich in einem Gegenüber verliert, findet sich auch darin wieder. Er findet sich in seiner Aufmerksamkeit, in seiner wahren Hingabe, in seiner Liebe für das andere. Und wenn ein Mensch sich im Getriebe des Alltags so verloren hat, daß »er nicht mehr weiß, wo ihm der Kopf steht«, dann kann er am Abend zurückschauen und sehen, wo er den ganzen Tag war, und kann »wieder zu sich kommen« im Gebet, in der Meditation und in jeder Art von Besinnung. Wer sich aber verliert und vergißt, ohne sich im anderen zu finden, ohne wieder bei sich zu sein, der stellt den Raum seiner Seele denen zur Verfügung, die er zwar gerufen hat, aber nicht beherrschen kann, unsichtbare Störenfriede, den Elementarwesen verwandt, die selbst ichlos sind und im Ichlosen der Menschen leben.

Das Evangelium schildert wiederholt Heilungen von Besessenen und Austreibungen von Dämonen. Sie beziehen sich auf ganz spezifische Krankheitsformen, die diesen oder jenen Menschen befallen haben. Eine Frau ist darunter, die Urbild ist für den Zwiespalt in jeder Seele und deren Leben wiederum Urbild ist für das Leben jeder Seele, die sich verliert und wieder findet. Es ist

Maria Magdalena. Von ihr wird gesagt, daß der Herr sieben Dämonen aus ihr vertrieben hat (Luk. 8,2; Mark. 16,9). Wie das geschah, wird nirgends erzählt. Es bleibt ein Geheimnis. Die Befreiung einer Seele von ihren Zwängen, die sie in Gedanken, in Gefühlen, in immer gleichen Reaktionen, in sich immer wiederholenden Schicksalen, in allem abspielen, von dem sie fühlt und weiß, daß sie es gar nicht gewollt hat, geschieht »im stillen Kämmerlein«, geht nur die Seele selber an.

Wer meint, von außen in die Seele eines anderen eindringen zu sollen, um ihm nach seinem Dafürhalten einen Spiegel vorzuhalten, der bewirkt nur, daß sich diese Wesen vorübergehend zurückziehen oder erst recht einen Aufstand vollführen. Nur vor dem Ichwesen lösen sie sich auf, und das geschieht im Innenraum ohne Zuschauer. Nur wo die Besessenheit krankhaft war, ein spezieller Fall, fand die Heilung von außen statt unter der Zeugenschaft anderer Menschen. Maria Magdalena aber war von sieben Dämonen befreit worden in aller Stille. Denn es sind die sieben, die gleichermaßen den siebenfachen Menschen bedrohen in seiner dreifach gegliederten Leiblichkeit: Haupt-, Brust, Gliedmaßen, in seiner dreifach gegliederten Seele: Empfindung, Verstand und Bewußtsein und in seinem Schicksal. Wir kennen diese Dämonen durch die leiblichen Krankheiten, die seelischen Verirrungen und die Schicksale, mit denen wir »nicht fertig werden«. Da kann uns kein Therapeut von außen helfen. Da müssen wir dem Heiler im Inneren Einlaß gewähren.

Von der geheilten Maria Magdalena spricht das Evangelium und von ihrem Weg, den sie danach ging. Zu ihr gehört ihre Schwester Martha. Ihr Bruder ist Lazarus, den der Herr liebte und den er vom Tode erweckte. Die-

ses gleiche Wort wird auch von Maria Magdalena und
Martha gesagt: Er liebte sie. In vier Begebenheiten wird
das Verhältnis der Schwestern zu Christus geschildert.
Lukas berichtet:

>Auf seinen Wegen kam er einmal in ein Dorf, und
eine Frau, die Martha hieß, nahm ihn in ihr Haus auf.
Sie hatte eine Schwester mit Namen Maria; diese setzte sich zu den Füßen des Herrn nieder und lauschte
auf sein Wort. Martha aber eilte vielgeschäftig durch
das Haus, um keine Dienstleistung zu versäumen.
Und sie trat herzu und sprach: Herr, verdrießt es dich
nicht, daß meine Schwester mich alleine allen Dienst
verrichten läßt? Sage ihr doch, daß sie mir helfen soll!
Der Herr aber antwortete ihr: Martha, Martha, du
machst dir so viele Sorgen und Mühen. Es bedarf aber
nicht des Vielen, sondern des Einen. Maria hat gut daran getan, das Eine auszuwählen, das ihr nicht wieder
fortgenommen werden kann.« (Luk. 11, 38–42)

Das sind die zwei Seelen in eines jeden Menschen
Brust. Die eine, die im Äußeren Geschäftigkeit betreibt.
Es muß sie geben. Aber die andere muß es auch geben, sie
ist sogar noch wichtiger, tut, was Not ist, was der bessere
Teil ist. Würde sie dasselbe tun wie Martha, dann fehlte
dieses Allerwichtigste, das Lauschen und Bewegen seiner
Worte. Er sagt aber auch nicht zu Martha: Setz dich zu
mir wie Maria. Denn die Martha in der Seele hat ihren
Bereich und muß wirken. Sie sind Schwestern, sind »ein
Herz und eine Seele« in jedem Menschen. Ora et labora,
beten und arbeiten gehören zusammen, wenn die Arbeit
mit Andacht getan wird und das Beten innere Arbeit ist.
Und wenn beides im Dienste des Christus geschieht.

Ein anderes Mal treten die beiden Schwestern zusammen auf (Joh. 11). Ihr Bruder Lazarus liegt krank darnieder. Sie senden einen Boten zu Christus, daß er kommen möge, ihn zu heilen. Er aber, obwohl gesagt wird an dieser Stelle, daß er sie liebt, zögert sein Kommen hinaus, so daß Lazarus schon vier Tage gestorben ist und bereits im Grabe liegt, als Jesus in Bethanien eintrifft.

»Als Jesus ankam, fand er, daß er schon vier Tage im Grabe lag. Bethanien lag nahe bei Jerusalem, ungefähr fünfzehn Stadien entfernt. Viele Juden waren zu Martha und Maria gekommen, um ihnen wegen ihres Bruders Trost zuzusprechen. Als Martha hörte, daß Jesus käme, ging sie ihm entgegen. Maria jedoch blieb in sich versunken zu Hause. Und Martha sprach zu Jesus: Herr, wärest du hier gewesen, so wäre mein Bruder nicht gestorben. Aber ich weiß, daß Gott jede Bitte. die du an ihn richtest, erfüllt. Jesus antwortete ihr: Dein Bruder wird auferstehen. Martha sprach zu ihm: Ich weiß, daß er auferstehen wird bei der großen Auferstehung an der Zeiten Ende.
Da sprach Jesus zu ihr: Ich Bin die Auferstehung und das Leben. Wer sich glaubend mit meiner Kraft erfüllt, wird leben, auch wenn er stirbt; und wer mich als sein Leben in sich aufnimmt, ist von der Macht des Todes befreit im ganzen irdischen Zeitenkreis. Fühlest du die Wahrheit dieser Worte? Und sie sprach: Ja, Herr. Ich habe mit meinem Herzen erkannt, daß du der Christus bist, der Sohn Gottes, der in die Erdenwelt kommt. Als sie das gesagt hatte, ging sie hin und rief ihre Schwester Maria und sprach insgeheim zu ihr: Der Meister ist da und läßt dich rufen. Als Maria das hörte, erhob sie sich rasch und ging zu ihm; Jesus war

noch nicht in den Ort hineingegangen. Er war an der Stelle geblieben, wo ihm Martha begegnet war. Als die Juden, die bei ihr im Hause waren und ihr Trost zusprachen, sahen, daß Maria eilig aufstand und hinausging, folgten sie ihr. Sie glaubten, sie wolle an das Grab gehen, um dort zu klagen. Maria aber kam an die Stelle, wo Jesus war, und als sie ihn sah, fiel sie zu seinen Füßen nieder und sprach zu ihm: Herr, wärest du hier gewesen, so wäre mir der Bruder nicht gestorben.«

(Luk. 11, 17–32)

Die beiden Schwestern erfahren, daß Jesus eingetroffen ist. Martha läuft ihm entgegen. Maria bleibt »in sich versunken im Hause«. Wieder sehen wir die beiden Seelen in der ihnen zugehörigen Gebärde, die eine nach außen, die andere nach innen gewendet. Martha macht ihm den Vorwurf, daß ihr Bruder nicht gestorben wäre, wenn er rechtzeitig dagewesen wäre. Den gleichen Vorwurf macht später auch Maria. Aber er reagiert ganz unterschiedlich auf jede von ihnen.

Martha appelliert an seine Möglichkeit, von Gott alles, was er will, zu erbitten. Er sagt ihr: Dein Bruder soll auferstehen. Sie hört nur, was sie schon weiß, und meint, er spräche von der Auferstehung am Jüngsten Tage. Und nun bekommt sie das Worte gesprochen: »Ich bin die Auferstehung und das Leben. Wer sich glaubend mit meiner Kraft erfüllt, wird leben, auch wenn er stirbt.« Und auf seine Frage, ob sie das glaubt, gibt sie eine Antwort, die ganz die ihre ist, ganz aus ihrem Eigenen kommt, indem sie nicht einfach sagt, daß sie diese Worte glaubt, die sie kaum gleich fassen kann. Aber sie sagt, was im Johannes-Evangelium noch keiner gesagt hat und was die anderen Evangelien nur von Petrus berichten: »Du bist Christus, der Sohn Gottes, der in die Welt gekommen ist.«

Diese Martha, die im äußeren Leben tüchtig und eifrig ist, wird in dieser Begegnung eine Erkennende, eine Bekennende, eine Glaubende. Sie bekommt das Wort, das seitdem in der Christenheit immer wieder bewegt wird, in dem die Kraft der Auferstehung sich dem Christus verbundenen Menschen mitteilt. Sie darf in der Hinwendung zur äußeren Welt das Wort empfangen, das im Sterblichen vom Unsterblichen handelt. Sie wird erwürdigt, Marienhaftes in sich zu erfahren. So erfüllt läuft sie zu Maria. Es heißt, daß sie es im Geheimen tat. Wieder eine Wende nach Innen. Sie sagt Maria, daß der Meister sie rufen läßt. Und diese macht jetzt die Wende nach außen. Sie läuft vor die Stadt, fällt zu seinen Füßen nieder und macht ihm den gleichen Vorwurf wie zuvor ihre Schwester.

»Als Jesus sie und die mit ihr kommenden Juden weinen sah, bemächtigte sich seines Geistes eine große Erregung, und er sprach voll tiefer Erschütterung: Wo habt ihr ihn bestattet? Sie antworteten: Komm, Herr, und sieh. Und Jesus weinte.« (Luk. 11, 33–35)

Marias Weinen löst in ihm ein Beben aus, ein griechisches Wort, wie es sonst nur vom Erdbeben gesagt wird. Es ist keine persönliche Angelegenheit, wie die Juden meinen, als sie ihn in Erschütterung sehen. Es ist ein weltgeschichtlicher Augenblick, wenn ein Mensch schon gestorben ist und mit den Erfahrungen und Erkenntnissen der nachtodlichen, der geistigen Welt, als Eingeweihter ins Erdenleben zurückkehrt vor allem Volk.

Maria löst diese Tat in ihm aus. Sie bekommt kein Wort von ihm, sondern er läßt sich das Grab zeigen und

77

vollbringt die Tat, die offenbart, was er zu Martha gesprochen hat: »Ich bin die Auferstehung und das Leben.« Die nach innen gewandte Maria wird von ihm nach draußen gerufen und löst die Tat in der Welt aus, die er sich vorgenommen hatte: die Erweckung des Bruders vom Tode. So nimmt Maria Marthahaftes in sich auf. Die beiden Seelen ergänzen nicht mehr einander, sondern verschmelzen eine jede mit der anderen.

Martha muß noch kämpfen, kann das Neue noch nicht halten, wird noch einmal zweifelnd. Aber ihr bleibt, daß sie es war, durch die sein Wort, das im tiefsten Sinn sein Wesen als Todbesieger ausspricht, in die Christenheit für alle Zeit aufgenommen und wirksam wurde. Das Mysterium seines Lebens und Sterbens wurde Martha anvertraut als ein im Innern zu bewegendes.

Maria, die innerlich lebende, hat kurz nach diesem Ereignis der Menschheit ein Beispiel gegeben, wie geistige Ereignisse ihre irdische Entsprechung brauchen. Wie im Äußeren das Innere zur Erscheinung kommen soll, damit die Welt ganz wird. Das tat sie, indem sie kurz vor seinem Tod seine Füße salbte, die den Menschen-Erdenweg gegangen waren, so daß das Haus, in dem es geschah, mit Wohlgeruch erfüllt wurde. Martha diente zu gleicher Zeit ihm und seinen Jüngern, die ihre Gäste waren. Die Jünger, besonders Judas, bezeichnen die Tat Marias als Verschwendung und dünken sich besonders sozial, indem sie meinen, man hätte das Geld nicht für das Salböl, sondern für die Armen ausgeben sollen.

»Sechs Tage vor dem Passahfest ging Jesus nach Bethanien, wo Lazarus war, den er von den Toten auferweckt hatte. Dort bereiteten sie ihm ein Mahl. Martha diente bei Tisch, und Lazarus war einer von denen, die mit ihm zu Tische saßen. Da nahm Maria ein Gefäß mit kostbarem Nardenöl und salbte die Füße Jesu und trocknete seine Füße mit ihren Haaren ab. Und das ganze Haus war erfüllt vom Wohlgeruch des Salböls. Da sprach Judas der Iskariote, einer von seinen Jüngern, der im Sinn hatte, ihn zu verraten: Warum hat man die Salbe nicht für dreihundert Denare verkauft und den Ertrag den Armen gegeben? Er sagte das aber nicht deshalb, weil er sich um die Armen Sorgen machte, sondern weil er für sich beanspruchte, was ihm nicht gehörte. Er führte die Kasse und verwaltete die Gaben. Jesus aber erwiderte: Laß sie; was sie getan hat, soll Geltung behalten für den Tag meiner Grablegung. Arme habt ihr immer bei euch, mich jedoch habt ihr nicht immer.«   (Joh. 12, 1–8)

Christus nimmt Stellung für Maria und sagt, daß sie genau das Gemäße getan hat und daß man darum immer von ihr sprechen wird, wenn man von ihm spricht. Sie hat einen Kultus zur Sterbevorbereitung an ihm vollzogen.

Vielen heutigen Menschen scheint Kultus eine äußerliche, überflüssige Sache zu sein, für die es nicht lohnt, Zeit und Geld zu opfern. Viel christlicher sei es, Armen zu helfen. Das soziale Engagement nimmt weithin die Stelle der Religionsübung ein. »Sie hat ein gutes Werk an mir getan«, sagte damals Christus von Maria. Es gibt noch eine ganz andere Ebene der guten Werke. Die äußere Not lindern ist das eine, im Sinne von: »Was ihr einem meiner geringsten Brüder Gutes tut, das habt ihr mir getan.«

Das andere ist, auf der Erde das zu tun, was der geistigen Tatsache entspricht, z.B. der Tatsache leiblicher Geburt oder leiblichen Sterbens. Solche Tatsachen gilt es zu heiligen. Wir sprechen heute vom Sozialstaat, weil sehr viel dafür getan wird, daß die Menschen äußerlich gut leben können. Aber was geschieht in solchen Gemeinwesen um Geburt und Tod herum? Oder in den Ehen? Oder in der Jugendszene, im Berufsleben? Der Geist ist verlorengegangen. Wir brauchen wieder Marias und Marthas, wir brauchen wieder die Einheit der beiden Seelen in uns, die dem Christus so dienen, daß Außenwelt im Sinne, im Geiste der Innenwelt gewürdigt, verstanden, behandelt wird.

Wenn Rudolf Steiner davon spricht, daß das alltägliche Leben zum Sakrament werden soll, heißt das, daß darin Ideen verwirklicht werden, daß geistige Tatsachen im irdischen Umgang erscheinen sollen. Die Übungsstätten dafür sind kultische Handlungen, Sakramente, wie ein solches von Maria Magdalena an Christus vollzogen wurde, bevor er selbst das zentrale Sakrament, das Heilige Mahl einsetzte. Daß aus dem Leben im Äußeren, wie es Martha pflegte, eine Wortempfängerin wurde, und daß aus dem Leben im Inneren, wie es Maria pflegte, eine sakramental im äußeren Leben Handelnde wurde, das ist das Ziel, an dem die beiden Seelen in unserer Brust sich orientieren können.

Maria Magdalena gehörte zu den Frauen, die Christus auf seinem letzten Gang nach Golgatha nachfolgten und zu denen er sich wandte mit seiner Klage über das, was der Menschheit noch bevorsteht (Luk. 23, 28). »Ihr Töchter von Jerusalem, weinet nicht über mich. Weinet lieber über euch selbst und eure Kinder!« Maria Magdalena gehörte auch zu den Frauen, die den Herrn im Sterben begleiteten und ihn dann zusammen mit Joseph von Arimathia und Nikodemus ins Grab legten. Es sind Frauen, die in vielerlei Weise mit den Geburtsereignissen im Leben Jesu verbunden sind, und es sind auch Frauen, die mit seinem Sterben verbunden sind. Die Jünger Jesu erleben ihn als Meister. Sie scharen sich um ihn als seine Schüler und er lehrt sie, er überträgt ihnen Kräfte und sendet sie aus, in seinem Namen zu wirken.

Auch Nikodemus und andere Juden werden auf besondere Weise belehrt. Manche streiten sich mit ihm, greifen ihn an, und zuletzt überführen sie ihn und lassen ihn kreuzigen. Die Frauen sind viel mehr lebensmäßig mit ihm verbunden. Geburt und Tod, Innen und Außen, Sünde, Krankheit und Ganzwerden, in solchen Zusammenhängen sind Frauen mit ihm. Und so ist es auch noch einmal an der Schwelle, da aus dem Tod die Geburt des neuen Menschen, da der Auferstandene aus dem Grabe hervorgeht.

Maria Magdalena ist die erste, die zum Grabe kommt und es leer findet (Joh. 20). Sie läuft zu Petrus und dem Jünger, den der Herr lieb hat, und erzählt ihnen, daß ihr Herr nicht mehr im Grabe liegt. Die beiden laufen mit ihr hin und finden ihre Aussage bestätigt. Jemand muß den Leichnam woanders hingelegt haben. Die Jünger gehen zurück.

»Maria aber stand draußen vor dem Grabe und weinte. Und weinend beugt sie sich vor in das Grab und sieht zwei Engel in leuchtendhellen Gewändern dasitzen, den einen an der Kopfseite, den andern zu Füßen, da, wo der Leib Jesu gelegen hatte. Und sie sprechen zu ihr: Weib, warum weinst du? Sie antwortet: Sie haben meinen Herrn weggenommen, und ich weiß nicht, wohin sie ihn gebracht. Und während sie das sagte, wandte sie sich um und sieht Jesus stehen, erkennt aber nicht, daß es Jesus ist. Und Jesus spricht zu ihr: Weib, warum weinst du, wen suchest du? Er erschien ihr als der Gärtner, und sie spricht zu ihm: Herr, hast du ihn fortgenommen, so sage mir, wohin du ihn gebracht, damit ich ihn holen kann. Jesus spricht zu ihr: Maria! Und wieder wendet sie sich um und sagt zu ihm auf hebräisch: Rabbuni, das heißt: Meister. Jesus aber sagt zu ihr: Rühre mich nicht an, denn noch bin ich nicht aufgestiegen zu dem väterlichen Weltengrunde. Gehe jetzt zu meinen Brüdern und sprich zu ihnen: Ich steige empor zum Weltengrunde, der väterlich mir und euch das Dasein gibt, der als göttliche Kraft lebt in mir und auch in euch. Da geht Maria von Magdala und bringt den Jüngern die Botschaft: Ich habe den Herrn gesehen, und diese Worte hat er zu mir gesprochen.« (Joh. 20, 16–18)

Als Maria ihren Namen hört, den besonderen, der ihre vom Schicksal, von Christus und seinem Wort gereinigte Seele meint, tritt eine Wendung ein. Sie erkennt ihn, nennt ihn Meister und fällt ihm zu Füßen. Er spricht: »Rühre mich nicht an.« Ich bin noch im Werden, im Prozeß der neuen Leibbildung, die mir aus dem Vater zuwächst. Und dann erteilt er ihr die Sendung, seinen Jüngern die Botschaft der Auferstehung zu bringen. Und wieder ist es keine Lehre, die sie verkündet, sondern eine Lebenstatsache, die Lebenstatsache der Erde und der ganzen Menschheit. Der erste Mensch, dem er nach der Auferstehung begegnet, ist diese Maria. Er ruft sie mit ihrem Namen. Ihr Wesen wird von seinem Wort erreicht. Sie erwacht daran, erkennt ihn und nennt ihn Meister, wie es sonst die Jünger, die Schüler tun. Zweimal wird gesagt, sie habe sich umgewendet, einmal, als sie ihn als Gärtner erblickt, ein zweitesmal, als sie ihn erkennt, indem sie selbst erkannt wird. Der Name Maria meint ihre Seele und trifft zugleich ihren Geist. In diesem Augenblick ist sie nicht nur Frau, sie ist Mensch. Die Seele in ihr wird zur Sophia, empfängt himmlische Weisheit.

So wird sie zu den Jüngern gesandt als Botin eines zukünftigen Menschentums, das aus der Tat des Christus auf Golgatha hervorgeht. Erst wenn die Jünger das aufnehmen, was die Frau ihnen vermittelt, bringen sie das in die Welt, was die christliche Religion von anderen unterscheidet. Das ist nicht eine Lehre. Die haben alle anderen auch. Es ist die Kraft der Auferstehung, die aus dem Durchdrungensein mit Todüberwindung wesenhaft in den Menschen lebt, die sich von ihm mit Namen nennen lassen.

Heute ist es an der Zeit, daß Maria Magdalena in diesem Sinne verstanden wird. Solange das Christentum ausschließlich durch Männer dirigiert und bestimmt wurde, war es umgewandeltes Juden- oder Heidentum. Es ging um die Lehre, die reine Lehre. Aus der Lehre wuchsen die Handlungen hervor, sowohl die heiligen wie die unheiligen, sowohl Sakramente wie Kriege. Maria Magdalena hat die Überwindung von Sünde und Tod nicht als Lehre erlebt, sondern leibhaftig. Durch Frauen, in deren Seelen das Ich mit Namen gerufen wird, können heute, wie damals Maria Magdalena, Menschen an der Tatsache der Auferstehung das Christuswesen in ihrer Mitte erfahren.

Was Maria Magdalena damals geschah, daß ihre Seele Sophia und ihr Geist Mensch wurde, das ist nicht an das irdische Geschlecht gebunden. Das kann jedem Jünger geschehen. Aber erst dann, wenn er nicht mehr als Mann, sondern wenn er als Mensch wirkt. Das sind heute noch seltene Augenblicke, in denen das für Mann oder

Frau wahr wird. Auf dem Wege zum weisheiterfüllten Menschen, zu christuserfüllter Weisheit wirken Frauen und Männer zusammen, daß zwischen ihnen Menschentum sein, wachsen und werden kann. Das Christentum fängt erst an, aus dem Vorchristlichen heraus zu wachsen, wenn Frauen gleichberechtigt darin wirksam werden: wenn Frauen und Männer gleichermaßen den Menschen zum Christwerden weihen, Menschenweihehandlung[9] vollbringen.

Die böse Frau

Es gibt eine schlangenhafte Bosheit im weiblichen Wesen, die von Matthäus in der Geschichte von der Enthauptung Johannes des Täufers geschildert wird. Dieser war zu Herodes gegangen und hatte ihm vorgeworfen, daß er seinem Bruder die Frau genommen und damit seine Autorität als König mißbraucht habe. Daraufhin ließ Herodes Johannes einkerkern. Er wagte nicht, ihn zu töten, weil das Volk ihn für einen Propheten hielt. Seine unrechtmäßige Frau Herodias ertrug es nicht, daß einer, der ihr Unrecht angeprangert hatte, am Leben blieb. Auf direktem Wege konnte sie Herodes nicht beeinflussen. So tat sie es auf indirektem und spannte für ihr Vorhaben ihre jugendliche Tochter ein. Auf dem Geburtstagsfest des Vaters tanzte das schöne Mädchen vor den Gästen. Sie berauschte die Zuschauer mit ihrem weiblichen Liebreiz. Damit hatte die Mutter gerechnet und alles Weitere vorausgeplant.

»Als nun die Tochter der Herodias hereintrat und
tanzte, gefiel sie Herodes und den Gästen des Mahles
sehr. Da sprach der König zu dem Mädchen: Fordere
von mir, was du willst; ich werde es dir geben. Und er
schwor ihr: Alles, was du fordern wirst, werde ich dir
geben, bis zur Hälfte meines Königreiches. Sie ging
hinaus und fragte ihre Mutter: Was soll ich fordern?
Herodias sprach: Das Haupt Johannes des Täufers.
Und sogleich eilte sie voll Eifer wieder hinein zum
König und sprach: Ich will, daß du mir unverzüglich
auf einer Schüssel das Haupt Johannes des Täufers
gibst. Da wurde der König bestürzt und traurig, aber
wegen seines Schwures und wegen der Tischgäste
wollte er ihr die Bitte nicht abschlagen. Und so schickte der König auf der Stelle einen Soldaten von der
Wache aus und befahl ihm, das Haupt herbeizuschaf-
fen. Dieser ging hin und enthauptete ihn im Kerker
und brachte sein Haupt auf einer Schüssel und gab es
dem Mädchen, und das Mädchen gab es seiner Mutter.
Und als seine Jünger davon erfuhren, kamen sie und
nahmen seinen Leichnam und legten ihn in ein Grab.«
(Mark. 6, 22–29)

Das Mädchen erhielt vom König, was sie verlangt hatte,
und brachte das Haupt des Johannes der Mutter. Nach
außen war diese die Empfängerin. In Wahrheit war sie
die Anstifterin dieser Untat. Nach außen war sie unschuldig. Ein anderer hatte Johannes getötet, und Herodes hatte den Befehl dazu gegeben. Sie hatte noch nicht
einmal selber den Wunsch ausgesprochen, sondern ihre
Tochter vorgeschickt. Sie wußte, wie das weibliche Wesen den Mann so reizen kann, daß er seinen Schwächen
unterliegt.

Er wird schuldig, und sie verbirgt sich hinter seiner Tat. Das ist schon durch Eva mit Adam geschehen. Er brach das Gebot Gottes mit dem Apfel, den Eva ihm reichte. So ist durch die Frau, die Mutter der Lebenden, auch der Tod in die Welt gekommen. Mit jeder leiblichen Geburt beginnt der Weg in den leiblichen Tod. Das ist ein Vorgang im Sinne der Weltenlenkung geworden. Er wird nicht von Menschen bestimmt und entschieden, sondern die Frau dient dieser geistigen Ordnung. Aber dieses Naturgesetz kann ins Seelische des Menschen herunter- oder heraufgeholt werden. Dann wird die Frau zur Verführerin und bringt den Mann, das Ichwesen, dazu, sich ihr unterzuordnen, wie man es nennt: schwach zu werden. Dem Zeugen des Christus wird das Haupt abgeschlagen.

Auch dem Christusboten im eigenen Inneren wird der Kopf abgeschlagen. Er stört nicht mehr. Es geht um das öffentliche Ansehen und nicht um die Wahrheit, die gedacht werden muß, die im Haupte ergriffen werden muß. Die Kirche sieht bis heute in der Frau die große Verführerin des Mannes. Darum herrscht noch der Zölibat, und darum darf eine Frau nicht die Priesterweihe empfangen. Die Jungfrau Maria wird als Fürsprecherin verehrt. Sie tritt an die Stelle aller Frauen, die auf Erden gemieden werden sollen. Manch schöne romanische Kreuzgänge dürfen von einem Knaben betreten werden, aber nicht von einer Frau, weil das Kloster von Männern bewohnt wird. Solche Männer merken nicht, wie sehr sie im Grunde dem Herodes gleichen. Die direkte Auseinandersetzung mit Frauen meiden sie, aber um so mehr wirkt das Weibliche indirekt auf sie. Es kann sich in ihre Seelen einschleichen, sie abhängig machen, bis sie unter seinem Einfluß dem Zeugen in sich selbst, dem Wegbereiter Gottes, dem Denkwesen in sich den Kopf abschlagen. Was bei den Mönchen bis in die äußere Lebensform kam, das ist eine Gefahr für jeden Menschen. Oft ist es wirklich die Raffinesse einer Frau, die das Ichwesen im anderen Menschen schwach macht, nicht nur in Männern.

Besonders, wenn es sich um Schuld handelt, kann eine Frau das Schuldbewußtsein im anderen so steigern, daß er gegen alle Vernunft immer noch mehr schuldig wird. Um endlich Ruhe zu haben oder endlich wieder zur Geltung zu kommen, schlägt der Mensch, auf Betreiben der unbewußten Seele, dem Mahner in sich, dem Gewissen, dem Johannes, den Kopf ab. Er denkt nicht mehr. Aber so, wie es Herodes ging, geht es ihm dann auch. Alles, was um ihn herum geschieht, mahnt in an den, den er töten ließ. Er denkt nicht mehr, aber er fühlt sich von seinen Schuldgefühlen verfolgt. Das berechnende, Schleichwege suchende weibliche Wesen in ihm beherrscht ihn nun, und oft ist es auch äußerlich tatsächlich eine Frau, die ihn beherrscht.

Noch öfter aber als eine Frau im äußeren Leben ist es das negative weibliche Element in jeder Seele, ob Mann oder Frau, das uns ins Unrecht und in den Denkverlust treibt. Jeder kennt den Selbstbetrug im eigenen Inneren. Für alles, was man gegen das Gewissen tut, hat man eine Erklärung. Alles kann man vor sich und der Welt entschuldigen. Und man findet Wege, den eigenen Lüsten gemäß, auf Kosten anderer zu leben. Es kann so weit gehen, daß man sich edel dabei vorkommt, sich als ein König fühlt und von seiner Königin, der Falschheit in der Seele, sich bestärkt, gesteigert fühlt, und doch ist man von ihr angestiftet und unfrei gemacht. Das eigene Gewissen wird eingekerkert, und tödliche Feste werden gefeiert, in denen dem Reizvollen, Raffinierten, Täuschenden, Gemeinen Raum gegeben wird, zu siegen.

Diese Szenen gibt es in jedem Leben, und es ist zum Wohle des Menschen, wenn er danach nicht einfach alles vergißt, sondern den Mahner in allem erlebt, was ihn an das, was er eigentlich leben wollte, erinnert. Denn gerade dann, wenn er es nicht verdrängt, kann er dem Christus nahekommen.

Auch der enthauptete Johannes in uns kann noch Wegbereiter sein, indem wir an unserer schwach gewordenen Seele erwachen für den, der uns stark macht. Es ist nie zu spät, aus dem Eigenen, aus dem, was in mir Christus angehört, denken, sprechen und handeln zu lernen. Dann gebe ich den Schuldgefühlen einen tiefen Sinn. Sie rufen mich auf, zu mir selbst zu kommen.

HEILUNG
DER WEIBLICHEN EINSEITIGKEIT

Es wird oft von der Würde des Menschen gesprochen. Im Rechtsleben sorgt man dafür, daß sie nicht von außen, durch andere, verletzt wird. Im Sozialen sorgt man dafür, daß der Mensch ein Minimum an Gütern zur Verfügung hat, daß er menschenwürdig leben kann. Im religiösen Leben werden die Menschen aufgerufen, das Gebet, den Gottesdienst würdig zu vollbringen. Das sind Situationen, in denen der Mensch in Gemeinschaft mit anderen lebt und einer sich für des anderen Würdigkeit mitverantwortlich fühlt, wenn das auch heute vielfach

Institutionen überlassen ist. Aber der Mensch kann auch von außen und in der Gemeinschaft alles bekommen, was er zur Menschenwürde braucht, und sich dabei dennoch ganz unwürdig fühlen.

Das ist immer dann der Fall, wenn er nicht im Gleichgewicht ist, wenn er nicht Herr seiner Seele ist. Wir kennen diese Situationen, wenn ein Mensch unaufrichtig ist; wenn es mit ihm durchgeht und er nicht mehr weiß, was er spricht; wenn er Illusion und Wirklichkeit nicht mehr unterscheiden, nicht mehr klar denken kann. Da fehlen seiner Seele die Kräfte, die ihm die Menschenwürde ermöglichen. Oder eine dieser Kräfte gewinnt die Oberhand und bringt die Seele aus dem Gleichgewicht.

Wir fühlen die Unwürdigkeit, wenn eine dieser drei Kräfte verlorengeht oder die anderen überwältigt. Wir können das, wie jede Krankheit, eine Zeitlang verdrängen, das Gefühl überspielen, daß mit uns selbst etwas nicht stimmt. Aber eines Tages kommt es heraus. Dann merken wir, daß die Seele heilungsbedürftig ist. Davon sprechen die Heilungen im Evangelium, die Christus an Frauen vollzieht.

> »Und sogleich, als er die Synagoge verließ, kam er in das Haus des Simon und Andreas mit Jakobus und Johannes. Die Schwiegermutter des Simon lag fieberkrank darnieder, und sogleich sagten sie ihm von ihr. Und er trat herzu und ergriff ihre Hand und richtete sie auf. Und das Fieber verließ sie, und sie diente ihnen.« (Mark. 1, 29–31)

Im Fieber können Menschen nicht mehr klar denken. Sie haben Fieberphantasien, von denen sie geplagt werden. Sie müssen liegen und können nichts mehr tun. Der Mensch ist krank. Aber das Fieber macht das bloß leiblich sichtbar. Die Krankheit ist, daß der Mensch nicht bei sich, bei seiner Seele war. Er hat sich in irgendeiner Weise vernachlässigt und ist krank geworden. Im Fieber ringt er darum, wieder zu sich zu kommen, zu seiner Seele, zu seinem Leib.

Bevor das geschehen kann, müssen Seele und Leib erst einmal von den drei Ichkräften verlassen sein. Die Vernachlässigung muß ganz durchlitten werden. Dann erst kann das Ichwesen sich mit der Seele wieder verbinden und Heilung bewirken. In der leiblichen Fieberkrankheit tritt nach außen, was als seelische Fieberkrankheit meistens nicht erkannt wird. Wie oft gibt sich der Mensch seinen Phantasien, seinen Wunschträumen hin und meidet, klar und tatsachengemäß zu denken. Es gibt eine Phantasie, die dem geübten Denken entspringt. Sie führt den Menschen in die Welt der Wahrbilder, des Sprechens und Erlebens in einer Welt, die sich vom bloßen Verstand nicht fassen läßt. Das ist die echte künstlerische Phantasie. Nicht nur der Dichter und Maler braucht sie, sondern auch der Arzt, der Erzieher, der Priester, jeder Mensch, der Menschenwürde darleben will. Es gibt eine moralische Phantasie, die das Denken voraussetzt. Wenn ich einer Situation moralisch, das heißt aus meinem Ich heraus gerecht werden will, muß ich denken können, überpersönliche Zusammenhänge denken können. Denn das Ich unterscheidet sich vom nur egoistischen Wesen dadurch, daß es über sich hinauswachsen kann in den Bereich, in dem man das Ich des anderen liebt wie sich selbst, indem man denken kann, wie der andere denkt, ohne sich selbst aufzugeben.

Die der geistigen Wirklichkeit gemäße Phantasie ist etwas anderes, als in seinen subjektiven Phantasien zu leben und daraus womöglich selbstherrlich zu handeln.

Wir halten uns für den, der wir sein möchten, und merken nicht, daß wir gar nicht so sind, daß uns die Menschen ganz anders erleben. Wenn wir nicht rechtzeitig beginnen, wahrheitsgemäß, illusionslos, frei von Phantastik zu denken, kommen wir zu Fall. Unsere Seele liegt darnieder, ist niedergedrückt. Wir müssen durch diese Nieder-Lage hindurch, damit der Heilende an unser Lager treten kann. Das ist entweder das selbstlose Ichwesen in mir oder in einem anderen.

Manchmal ist es eine Wahrheit, ein Wort, etwas, das mir aufgeht, manchmal kommt von außen auf mich zu, was mich aufrichtet, was in mich als Kraft einströmt durch die Hand, die Handlung, bis das Fieber von mir weicht und ich mich und das Leben frei von wirren Gedanken sehen kann. Das erste, was eine so geheilte Seele vermag, ist, zu dienen. Die Selbstherrlichkeit ist verwandelt in ein »Herr im eigenen Hause sein« und darin Gäste zu empfangen, denen man dienstbar sein möchte. Ist nicht gerade unter den eingelassenen Menschen auch der Heiler? Wären nicht andere Menschen in mein Haus getreten, in ihrer Mitte der Heilende, dann wäre ich in den Fieberphantasien und in der Denklosigkeit geblieben.

Wer so gesund geworden ist, will dem dienen, der in unserer aller Mitte lebt und uns im Dienen die Herrschaft über unser Denken verleiht, die wir verloren hatten. Die Ichkraft des Sprechens ist der Seele verlorengegangen in der Geschichte, die das Evangelium des Matthäus (Matt. 15) und Markus (Mark. 7) erzählen. Eine Frau, eine Fremde, läuft Jesus schreiend nach und bittet um Hilfe für ihre Tochter, die von einem Dämon besessen ist. Er antwortet ihr mit keinem Wort. Sie aber schreit weiter, so daß die Jünger ihn bitten, etwas zu tun, um die Frau loszuwerden. Nun sagt er etwas, das wir heute sicher sehr unchristlich finden würden. Er sagt: »Ich bin nur zu den verlorenen Schafen Israels gesandt.« Sie aber ist keine Israelitin. Sie fleht ihn dennoch an: »Herr, hilf mir!« Er weist sie mit den Worten ab: »Es ist nicht gut, daß man den Kindern das Brot nimmt und es den Hunden hinwirft.« Sie greift sein Gleichnis auf und sagt: »Ja, Herr, und doch essen die Hunde die Brosamen, die vom Tisch ihres Herrn übrigbleiben.« Jetzt erst geht er auf sie ein: »O Frau, Dein Glaube ist groß. Was du erbittest, soll geschehen.« Und die Tochter wird in derselben Stunde gesund.

Warum hat er sich dieser Frau gegenüber so abweisend verhalten? Es hat ihn doch oft ein Mensch um Hilfe gerufen: »Jesus, du Sohn Davids, erbarme dich meiner.« Diese Frau ist ihm schreiend nachgelaufen, so daß es den Jüngern unangenehm war. Wenn Worte geschrien werden, ist der Mensch nicht mehr ganz bei sich. Es ist, wie der Volksmund sagt, etwas mit ihm durchgegangen, wie dem Reiter das Pferd durchgehen kann und nicht mehr auf ihn hört. Solch ungezügelter Umgang mit dem Wort macht den anderen unfrei, bedrängt ihn. Wer mit einem Menschen zusammenlebt, der so unfrei macht mit seinem unkontrollierten, maßlosen Reden, der kann selber krank werden, selber in den Teufelskreis hineingerissen werden, der durch zügelloses Sprechen entsteht.

Solcher Wortschwall ist eine willkommene Behausung dämonischer Mächte. An der Tochter erlebt die Frau die Krankheit, die eigentlich ihre eigene ist. Für sie sucht sie Heilung. Durch das Verhalten Jesu wird sie herausgefordert, erst einmal sich selbst zu ändern. Wie schwer fällt es der Menschenseele, das besessene Verhalten eines anderen mit dem eigenen in Verbindung zu sehen. Die Menschen gehen zum Eheberater, zum Familienberater, holen sich Berater in ihren Betrieb in der Hoffnung, daß der andere in Ordnung gebracht wird. Immer ist der andere der Kranke, der geheilt werden muß. In langen Redeergüssen lassen sie sich über ihn aus, hören oft gar nicht, wenn ein Hinweis auf sie selbst und ihren Anteil an den Problemen kommt.

Die Seele muß in diesem Zustand erst einmal erfahren, daß sie selbst eine Fremde ist, daß ihr höheres Ichwesen sie in diesem Zustand nicht annehmen kann. Das von Emotionen getriebene Sprechen muß erst einmal einen Schock erleben, damit sie zu sich kommt, damit sie sich selbst sieht und hört in ihrem Geschrei. Und daß sie zu sich kommt, äußert sich darin, daß sie auf Ihn eingehen kann. Seine Worte sind ja wahrhaftig überraschend und ungewohnt. Aber sie schreit nicht einfach weiter um Hilfe, sondern setzt seine Gleichnisrede außerordentlich geistesgegenwärtig fort. Ja, sie stellt sich ihm regelrecht. Sie bekommt Sicherheit und Souveränität in ihr Sprechen. Sie bezieht das Wort Jesu in ihr Sprechen ein. Die Sprache wird dadurch ihre eigene. Am Wort des Wortgottes kommt sie zu ihrer eigenen Sprache. An seinem Widerstand wird ihre Ichkraft geprüft und gewinnt ihr gezieltes Sprechen. Dieses Sprechen von Ich zu Ich nennt Christus hier Glauben.

Wenn die Seele durch Fremdheit und Abweisung ihre ungezügelte Sprache beherrschen lernt, muß der Dämon aus den Verhältnissen weichen, die sie mit anderen Menschen hat.

Das Wort des Christus ist nicht immer nur lieb und gut, wie wir meinen, sondern es ist immer so, daß der Mensch daran seine eigene Sprache finden kann und die Fremdbestimmung daraus weichen muß. Nur so kön-

nen Mutter und Tochter, Seele und Seele aneinander gesunden. Im eigenen Ichwesen oder in dem eines Menschen, dem wir vertrauen. Auch dann, wenn er uns
schockiert und scheinbar abweist, können wir heute den
Heiler unseres Sprechens finden, auf daß unsere Menschenwürde wieder hergestellt werde.

Die Ichkraft des Aufrichtens ist der Seele verlorengegangen in der Geschichte, die Lukas erzählt.

»Einmal lehrte er in einer Synagoge am Sabbat. Und
siehe, da war eine Frau, die seit achtzehn Jahren an
einer Krankheit litt: Sie war verkrümmt und konnte
sich nicht aufrichten. Als Jesus sie sah, rief er sie herbei
und sprach zu ihr: Weib, sei befreit von deiner Krankheit! Er legte ihr die Hände auf, und auf der Stelle
konnte sie wieder aufrecht stehen. Und sie pries das
göttliche Walten. Da sprach der Vorsteher der Synagoge, voller Unwillen darüber, daß Jesus am Sabbat geheilt hatte, zum Volk: Sechs Tage sind für die Arbeit
da, da mögt ihr kommen und euch heilen lassen; nicht
aber am Sabbat. Der Herr aber antwortete: Ihr Heuchler! Bindet nicht jeder von euch am Sabbat sein Rind
oder seinen Esel von der Krippe los, um ihn zur Trän-
ke zu führen? Diese Tochter Abrahams wurde achtzehn Jahre lang von der dunklen Macht gebunden gehalten; mußte sie da nicht am Tag des Sabbats von dieser Fessel erlöst werden? Durch diese Worte wurden
alle seine Gegner beschämt, und das Volk freute sich
über alle Beweise geistiger Kraft, die durch ihn gescha-
hen.«   (Luk. 13, 10–17)

Es war an einem Sabbat, als Jesus die Frau heilte. Die
Krankheiten wurden nicht nur als Zustände erlebt, sondern als geistige Fremdbestimmung des Menschen. Der

94

Geist dieser Krankheit setzte sich an die Stelle des Ichwesens, das der Frau die Kraft zum Aufrichten geben kann. Dazu kommt die Versteifung des Rückens in dieser gekrümmten Lage. Das Haupt des Menschen ist nach unten gedrückt. Darum sieht er nicht frei nach allen Seiten. Die äußere Krankheit ist Bild für die dritte Krankheit, die der Seele durch Verlust der Ichkraft widerfährt. Wieder hat der Volksmund einen treffenden Ausdruck dafür, wenn er sagt, daß ein Mensch vor anderen buckelt, d.h. sich unterwirft, in allem nachgibt, es allen recht machen will. Man nennt es auch liebedienern oder sagt, daß einer kein Rückgrat habe, nicht aufrecht stehen kann, für etwas, was er getan hat, nicht gerade stehen kann.

Wenn eine Seele achtzehn Jahre lang ichschwach gelebt hat, dann verliert sie den freien Blick nach allen Seiten. Dann sieht sie nur noch, was gerade vor ihren Füßen ist. Aber nach achtzehn Jahren und einigen Monaten wiederholt sich die Stunde in der Konstellation zwischen Sonne und Mond, wie sie zur Geburtsstunde eines Menschen bestand. Die Mondknoten-Rhythmen sind auf alle Ereignisse in der Biographie und im Weltgeschehen zu beziehen. Diese Stunde gilt es zu nutzen, auch wenn es ein Sabbat ist. Jesus sieht die Frau, ruft sie zu sich, legt ihr die Hände auf und sagt: Sei losgelöst von dieser Krankheit. Die Frau richtet sich auf, und als erstes nach der Heilung preist sie Gott. Der Oberste der Synagoge macht den Menschen Vorwürfe, daß sie am Sabbat kommen, um sich heilen zu lassen. Sie könnten das genausogut an jedem anderen Tag tun. Jesus aber nennt ihn einen Heuchler und weist darauf hin, daß jeder auch am Sabbat seinen Ochs und Esel zur Krippe führt.

Diese Frau, eine Tochter Abrahams, aus den Banden Satans zu befreien ist noch viel weniger aufschiebbar.

Und wieder werden die achtzehn Jahre erwähnt. Es geht um die rechte Stunde, die abgewartet werden muß, die aber auch nicht verpaßt werden darf für diese Heilung. Die Krankheit wird als ein Werk Satanas bezeichnet, des Hinderers, wie sein Name übersetzt heißt. Der Seele die Stehkraft, die Aufrechte, die freie gerade Beziehung zur Umwelt zu nehmen, hindert sie an der Menschenwürde. Die Seele findet allein nicht heraus aus diesem Zustand. Es nutzt nichts, ihr zu sagen, sie solle doch ihre eigene Meinung vertreten, solle aufrichtig gegen sich und andere sein, solle sich nicht versteifen auf etwas, solle um sich schauen, sich frei bewegen. Sie kann es nicht, denn sie ist bereits verkrümmt. Sie kann nur existieren, indem sie sich vor anderen beugt, denn sie kann ihr Eigenes nicht aufrechterhalten. Dieser Seelenzustand ist verfestigt.

Es gibt Menschen, die an die Stelle ihres eigenen Wesens die Meinung der Politiker, der Religionsvertreter, der Wirtschaftsbosse setzen, oder die ihres geistigen Meisters. Es braucht eine lange Zeit, bis eine Situation im Schicksal eintritt, wo der Mensch von diesen Banden des Hinderers befreit werden kann. Er muß dazu an einen Ort gehen, wo das göttliche Ichwesen die Menschen lehrt. Welcher Ort ist das? Wo ist die Synagoge, die Lehrstätte, wo die Seele vom Ich belehrt wird? Es ist das Schicksal selber. Jeder durchlebt die Zeiten des Gekrümmtseins, der Verfestigung, des Verlustes seiner seelischen Aufrichtekraft. Da hilft kein Zureden, keine Therapie von außen. Da hilft nur eines: sich vom Schicksal belehren lassen. Mein Schicksal will meiner kranken Seele, der Frau in mir, etwas sagen. Wenn ich ihm zuhöre, finde ich darin das Ich, mich selbst als Ihm zugehörig. Sobald ich auf das Schicksal, auf alles, was sich gefügt hat, was mir gelungen und was mir verwehrt wurde, hinhöre, entdecke ich Zusammenhänge, Sinn, Herausforderungen, die mit mir zutiefst zu tun haben. Wenn ich nicht in die Schule des Schicksals gehe, bleibe ich gekrümmt, dem Hinderer weiterhin verhaftet. Es treffen mich immer wieder die gleichen Fehlschläge, Enttäuschungen, Traurigkeiten.

Wenn ich aber regelmäßig in die Schule des Lebens gehe, wo der Herr des Schicksals auch mich lehrt, dann kommt der Tag, da er auf mich zukommt, mich in der Seele anrührt und alle bisherigen Zwänge und Verkrümmungen von mir genommen sind, weil ich die Kraft des Ja-Sagens erlebe, das Wort aller Worte, aus dem jedes Schicksal, und sei es noch so schwer, seinen Sinn bekommt. Das Ja-Sagen gibt dem Menschen die Aufrichtekraft wieder, die er verloren hat, als er niedergedrückt wurde. Wer sein Schicksal bejaht, findet zu sich selbst und erlangt seine Menschenwürde.

So geht es in diesen drei Heilungen um die Seele, die ihre drei Ichkräfte verloren hat, die Kraft des schöpferischen Denkens, Sprechens und Aufrichtens, und wie sie diese wieder erlangt durch den, der selber im lebendigen Denken, im Sprechenden und im aufrechten Zu-sich-selber-Stehen lebt.

In Mitleidenschaft gezogen
und herausgeführt werden

Matthäus, Markus und Lukas erzählen noch zwei weitere Heilungen von Frauen (Matth. 9, Mark. 5, Luk. 8). Sie sind auf seltsame Weise ineinander verwoben. Die zwölfjährige Tochter des Synagogen-Vorstehers Jairus liegt im Sterben, und er bittet Jesus in sein Haus zu kommen und sie zu retten. Jesus begibt sich auf den Weg zu ihr. Die Menge der Menschen begleitet ihn und drängt sich um ihn. Eine Frau ist darunter, die seit zwölf Jahren am Blutfluß leidet. Sie sagt zu sich selbst: Wenn ich nur das Gewand dieses Menschen berühre, werde ich endlich von meiner Plage befreit. Sie hatte schon viele Ärzte aufgesucht, die ihr nicht helfen konnten. Nun kam sie von hinten an ihn heran und berührte sein Gewand. Sofort fühlte sie an ihrem Leib, wie das Blut nicht mehr ausströmte. Aber auch Jesus hatte gespürt, daß eine Kraft von ihm ausgegangen war. Er fragte, wer ihn berührt habe. Die Jünger meinen, in diesem Volksgedränge solle er sich über eine Berührung nicht wundern. Er aber suchte mit dem Blick nach ihr, die ihn angerührt hatte. Die Frau zitterte vor Angst, aber sie trat nun vor ihn hin und sagte ihm die Wahrheit. Jetzt erst wird die Heilung von ihm anerkannt. Was sie sich vorher wortlos von hinten geholt hat, das gibt er ihr jetzt von sich aus. Denn jetzt erst hatte sie den Mut gefunden, ihm von Angesicht zu Angesicht gegenüber zu treten und sich zu ihrer Tat zu bekennen. Jetzt erst stimmte sie mit sich und ihm überein.

Jesus sieht, wie die Ichkraft des Glaubens in ihr erwacht ist, und spricht sie frei von ihrer Krankheit und gibt ihr den Frieden. Indem er noch zu ihr spricht, kommen Diener des Vorstehers und melden ihm, daß seine Tochter gestorben sei. Er solle den Meister nicht länger bemühen. Aber Jesus sagt zu ihm: »Fürchte dich nicht, glaube nur«, und setzt den Weg in dessen Haus fort. Nur drei Jünger und Vater und Mutter des Kindes dürfen mit ihm in das Gemach des Mädchens kommen. Das Volk und die anderen Jünger weist er zurück und sagt, daß das Mädchen schlafe. Er geht zu dem gestorbenen Kind hinein, nimmt seine Hand und spricht: »Mädchen, ich sage dir, stehe auf.« Das Mädchen erhebt sich und wandelt umher. An dieser Stelle wird gesagt, daß sie zwölf Jahre alt war. Alle, die es miterleben, sind entsetzt. Er gebietet ihnen streng, zu schweigen, und dann dem Mädchen Essen zu geben.

So sind diese beiden Heilungen miteinander verflochten. Einmal durch die Tatsache, daß die Frau ihre Krankheit genau so lange hat, wie das Mädchen auf der Welt ist, zwölf Jahre lang. Zum anderen, daß sich die Heilung der Frau zwischen dem Entschluß Jesu, das Mädchen zu heilen, und dessen Ausführung schiebt. Schauen wir aber diese beiden Krankheiten an, können wir noch einen dritten Zusammenhang finden. Die Frau hatte eine Krankheit, die ein Mann nicht bekommen kann. Das weibliche Element hat in ihr ein Übermaß an Kraft und läßt das Blut ausströmen ohne Unterbrechung. Die männlichen Kräfte in ihr sind zu schwach, die Kräfte des Ordnens, des Haltgebens. Das Blut ist einerseits Träger des Lebens, andererseits Träger des Individuellen.

Wenn es in gesunder Weise durch den Körper fließt, muß das Strömende und das in geordneten Rhythmus Gebrachte zusammenwirken. Ebenso rote und weiße

Blutkörperchen. Wenn sie nicht ausgewogen sind, dann wird der Mensch krank. Bei der Frau war das Weibliche im Überfluß. Nicht nur das ausströmende Blut, sondern ihr ganzes Verhalten zeigt es. Sie will die Heilkraft empfangen, ohne sich dem Vorgang zu stellen. Von hinten kommt sie und nimmt sich, was sie braucht. Das ist die weibliche Empfangsbereitschaft mit negativem Vorzeichen. Sie verströmt sich und sie empfängt, ohne den anderen mit einzubeziehen, weder das Männliche in der eigenen Seele, noch das männliche Wesen außer ihr. Es gibt diese weibliche Einseitigkeit, wo sich der Mensch nur verströmt, sich dann aber vom anderen doch heimlich holt, was er zum Ausgleich braucht. Viele verströmen sich in Familie und Beruf und kommen niemals zu sich selbst. Ihr Geist verkümmert. Sie entwickeln ihr Eigenes nicht, sondern holen sich Gedanken und Meinungen von anderen, von ihrem Mann oder dem, was sie an die Stelle ihres eigenen männlichen Elementes setzen: eine äußere Autorität. Sie tun so, als wäre es ihr Eigenes und verschweigen, daß sie sich ihre Gedanken, mit denen sie das Ausfließen ihrer Seele zu ordnen suchen, sozusagen heimlich von anderen holen.

Das Christusverwandte im Menschen läßt das nicht zu. Entweder spricht es aus dem eigenen Inneren oder aus dem des anderen, dessen Kraft in Anspruch genommen wurde. Es spricht so, daß die Seele sich jetzt bekennen muß zu dem, was sie getan hat. Es wird der Frau bewußt, daß sie mit den Kräften des anderen ihr Überfließen, ihr ständiges seelisches Verströmen zum Stillstand und in das gemäße Maß gebracht hat. Jetzt muß sie sich stellen. Sie muß sich zu ihrem Tun bekennen. Sie muß die Wahrheit sagen, muß sagen: Ich habe das getan. Dann erst fügt sich das eigene Männliche in ihrer Seele zu ihrem Weiblichen, und sie wird Mensch. Ihr Glaube, die Ichkraft in ihr, hat sie gesund gemacht. Die Hingabe ihres Lebensblutes geschieht nicht mehr ununterbrochen, aus Flucht vor sich selbst (man nennt diesen Zustand heute abstrakt Helfersyndrom), auch nicht als Selbstbestätigung, indem man den Strom unterbricht, um sich sagen zu lassen, wie gut man ist. Sondern die Seele lebt in Geistesgegenwart, so daß sie selber sieht und danach handelt, ob es Zeit zur Hingabe oder Zeit des Bei-sich-Seins ist.

Die Heilkraft des Christus ist zugleich die Kraft der Selbstheilung. Und in der Selbstheilung wird das einseitige Weibliche durch Männliches in der Seele ins Gleichgewicht gebracht, so daß sich das Wort erfüllt: »Gehe in Frieden.«

Christus ist der Mittler für diesen heilenden Vorgang im Menschen. Er ist aber auch der Mittler im großen Schicksalszusammenhang über den einzelnen Menschen hinaus. Man könnte sagen, er ist der Mensch, durch den das Männliche und Weibliche im überpersönlichen Menschentum immer wieder seinen Ausgleich erfährt. Das zeigt die Verquickung dieser beiden Heilungen. Es wird kein Wort gesagt, daß die Frau und die Tochter des Jairus sich gekannt oder sonst etwas miteinander zu tun hatten. Im Persönlichen war das sicher nicht der Fall. Sonst würde es erwähnt. Aber im Überpersönlichen, wo das Menschentum und sein Schicksal sich abspielen, da haben sie etwas miteinander zu tun. Denn es werden die zwölf Jahre erwähnt, die im Schicksal beider eine Rolle spielen. Und die beiden Heilungen überkreuzen sich, sowohl zeitlich wie auch ihrer Art nach. Denn das Mädchen stellt mit seiner Krankheit das Gegenbild dar zu der Krankheit der Frau. Zwölf Jahre lang ist es Kind gewesen und kommt nun an die Schwelle zur Jugend, wo sein Frauwerden beginnen sollte. Aber statt der Kräfte des Lebens und Leben Spendens wirken Todeskräfte in ihm, man könnte auch sagen Kopfkräfte, männliche Kräfte.

Das Kind des Jairus wird nicht mit eigenem Namen genannt, sondern als die Tochter des Vaters bezeichnet. Der Vater ist es, der für sie bittet. Das Verhältnis zum Vater ist betont. Sie ist eine Seele, die Kind des Vaters bleiben will, vom Vater abhängig. Und das Weibliche ergreift sie nicht. Statt der weiblichen Blutung, an der die Frau im Übermaß litt, tritt bei dem Mädchen der Tod ein.

Auch junge Seelen können in Alters- und Sterbevorgänge geraten, wenn das männliche Element das weibliche zurückdrängt. Wenn Kinder intellektuell erzogen werden, früh klug, gescheit gemacht werden, wie kleine Erwachsene behandelt werden, dann droht der Seele ein frühes Altwerden, Vergreisen, Erstarren. Man nennt diese Kinder ja auch »altklug«. Wie die Seele überfließt im weiblichen Element, so darbt sie, wenn sie davon zu wenig hat, und das Kind kann nicht mehr Frau werden, sondern stirbt. Aber der Vater, der überstarke, das Zuviel an männlichem Element der Seele, bemerkt die Gefahr. Er wendet sich an den, der die Schicksalssubstanz in der Menschheit ordnet, der den Ausgleich bewirken hilft zwischen zuviel und zuwenig. An ihm ist die Frau zu sich selber gekommen, hat das Männliche in sich ergriffen, und das Zuviel an Weiblichem hat sie verlassen. Nun bringt er dem Kind, das am Zuviel des männlichen Elementes gestorben ist, weibliches Element, Leben. Es erwacht aus dem Tod und kann nun den Schritt von der Kindheit zur Jugend, zum Frauwerden tun.

Als erstes gibt Christus die Anweisung, man möge ihr zu essen geben, d.h. man möge sie mit der Erde, mit der

Mutter Erde wieder verbinden, die Lebenskräfte anregen. Den Umstehenden verbot er strengstens, über das Ereignis zu sprechen. Sie waren über alles Maß entsetzt, d.h. sie konnten es selbst nicht verstehen. Es handelt sich um einen Vorgang, den noch heute nur wenige verstehen, daß ein Mensch so an sich arbeitet, daß er das Weibliche und Männliche in seiner Seele, das zu viel ist, von sich läßt. Er kann an seinen Einseitigkeiten arbeiten, nicht nur um seiner selbst willen, sondern um dem Weltenheiler, dem Weltenausgleicher, dem Herrn über Leben und Tod eigene Substanz für andere zur Verfügung zu stellen.

Wenn ein Mensch zur Lebensrettung Blut von einem anderen übertragen bekommt, weiß er nicht, von wem dieses Blut stammt. So können auch wir Seelensubstanz zur Verfügung stellen, die wir nicht für uns selbst verbrauchen, die wir im Gebet Christus und den Engeln der Menschen und Gemeinschaften übergeben, damit sie denen zukommen, die mit ihrer Seele in Lebensgefahr oder schlimme Plagen geraten sind. Geheime Schicksalszusammenhänge werden uns gezeigt zwischen der blutflüssigen Frau und der Tochter des Jairus. Die Frau im Evangelium, die Seele im Menschen ist Schauplatz höchster und tiefster Schicksalsgeheimnisse und Zusammenhänge.

Die auf sich gestellte Frau

Dreimal wird im Evangelium vom Schicksal und Verhalten einer Witwe erzählt. Eine Witwe hat das Schicksal, ihren Mann verloren zu haben und, wenn sie menschenwürdig leben will, selbst, wie der Volksmund sagt, »ihren Mann zu stehen«, d.h. die Männlichkeit, die sie vorher neben sich hatte, nun in sich ihrer Weiblichkeit hinzuzufügen.

Von der alten Prophetin Hanna, die im Tempel diente und eine Witwe war, wurde oben schon gesprochen. Das Leben im Geist brachte ihr das männliche Element. In Gebets- und Fastenübungen disziplinierte sie ihre Seele, gab der weiblichen Lebendigkeit und Beweglichkeit die Richtung und Führung. Jede Seele, die geistig arbeitet und übt, lebt mit dem Männlichen in sich. Sie besteht die Lebensprüfung, äußerlich ohne Mann zu leben, aber auch innerlich sich nicht von einem Männlichen abhängig zu machen, das nicht ihr eigenes ist.

Im letzteren Sinne kann auch ein Mann eine solche Witwe sein. Alle Männlichkeit, die er sich sozusagen geliehen hat, muß er verlieren, um zu seiner eigenen inneren Führung zu kommen. Was bleibt von ihm noch übrig, wenn ihm Besitz, Beruf, gesellschaftliche Stellung genommen wurden?

Lukas erzählt von einer Witwe, die die Mutter des Jünglings zu Nain war. Sie hatte schon ihren Mann verloren. Nun war ihr auch noch der Sohn gestorben.

»Bald darauf führten ihn seine Wege in die Stadt Nain. Seine Jünger begleiteten ihn und eine große Schar. Und als er nahe an das Stadttor kam, siehe, da wurde ein Toter herausgetragen, der eingeborene Sohn seiner Mutter, die eine Witwe war. Und viele Menschen aus der Stadt gingen mit ihr. Und als der Herr sie sah, ergriff es ihn im Innersten, und er sprach zu ihr: Weine nicht! Und er trat hinzu und rührte den Sarg an, so daß die Träger stille standen. Und er sprach: Jüngling, ich sage dir: Stehe auf. Und der Tote setzte sich aufrecht und fing an zu sprechen. Und er übergab ihn seiner Mutter.« (Luk. 7, 11–15)

Nicht nur das Männliche im äußeren Leben kann der Frau, kann der Seele sterben. Auch das Männliche, das aus ihr geboren wurde, muß durch den Tod, um von Christus auferweckt und ihr wieder gegeben zu werden. Dieses Erlebnis ist eine hohe Stufe der Schicksalseinweihung. Denn was früher in den Einweihungsstätten herbeigeführt wurde mit dazu auserwählten Menschen, das kann heute in der Einweihungsschule des Lebens geschehen. »Witwe werden« heißt darin, das männliche Element außer sich zu verlieren.

Das kann auch dann geschehen, wenn der männliche Partner einer Frau nicht stirbt. Wenn die Frau innerlich unabhängig von ihm wird – oder er von ihr –, wenn die Seele sich selbst und ihren inneren Weg bestimmt, vollzieht sich ebenfalls ein solcher Prozeß. Das hindert sie nicht, äußerlich als Frau oder Mann zu leben. Innerlich ist sie beides. So wächst in der Seele der Mensch heran, das Ichwesen, das sich selbst lebt, das sich unterscheidet von anderen, das sich selbst liebt. Die irdische Ichwerdung ist eine wichtige Stufe auf dem Schicksalsweg. Aber dieses Erden-Ich, dieses, von dem der berechtigte Egoismus ausgeht und auch der unberechtigte, der den anderen weniger liebt als sich selbst, dieses Kind, dieser Jüngling, dieser Sohn der Seele, muß eines Tages auch sterben. Dafür sorgt das Schicksal.

Es gibt Zeiten, in denen dem Menschen alles abhanden kommt, was er meint, aus sich selbst errungen, erzeugt, hervorgebracht zu haben. Sein Vertrauen zur geistigen Welt, seine Kraft zu Bejahen, seine Liebesfähigkeit, seine Geduld und Gelassenheit, Frucht jahrelanger Übung und Pflege, kommt ihm durch einen Schicksalsschlag oder durch eine schleichende Schwäche abhanden. Die Witwe verliert den Sohn, und die Umwelt trauert mit ihr, daß plötzlich alles, was sie sonst an ihr so stark, so menschenreif erlebt haben, fort ist.

Wie kann das sein, daß eine so starke Seele, die anderen Halt gegeben hat, nun selbst haltlos und bejammernswert ist? Daß sie alles, was von ihr ausging, verloren hat? Erst später weiß sie, warum das geschah. Sie mußte durch dieses noch viel größere Verlusterlebnis, als das erste war, das sie zur Witwe gemacht hatte. Denn nur so konnte sie den Sohn, das eigene Wesen, von Christus neu erhalten. Das heißt, daß sie nun nicht nur aus ihrem selbsterzeugten Erfahrungen und Erlebnissen schöpfte und ihr Wesen daraus heranzog, großzog. Sondern von da an werden ihr die Erfahrungen und Erlebnisse anderer zu ihren eigenen. Nicht, daß sie nachredet, was andere sagen. Nicht, daß sie mitfühlt, was andere fühlen, nicht daß sie ihr Tun nach anderen richtet. Das wäre ja ein Rückfall in die Zeit vor ihrer seelischen Witwenschaft. Nein, mit dem eigenen Sohn, der gestorben war und der ihr wiedergeschenkt wurde, empfängt sie etwas von der Qualität des Christus, der alles als sein Eigenes erlebt, was einem seiner geringsten Brüder geschieht.

Eine Seele, die sich im Schmerz verloren hat und wieder neu zu sich kommt, denkt nicht nur mit anderen wie

mit sich selbst, sondern in allem, was Menschen widerfährt, erlebt sie etwas von dem Fühlen und Denken und
Wirken des Christus. Eine solche Seele ist die Mutter des
göttlichen Sohnes, und in jedem Menschen, von dessen
Schicksal sie betroffen wird, ob er verletzt, geschunden
oder geachtet und geheiligt wird, erlebt sie den Sohn
selbst. So gibt es Stufen der Witwenschaft auf dem Ein-
weihungsweg des Schicksals: Verlust des männlichen Elementes im äußeren Leben, um es im Inneren zu erlangen.
Empfangen und Gebären des Sohnes, des eigenen Egos.

Verlust des Eigenen, des Ichhaften, des Sohnes. Ihn
neu zurück erhalten als einen von Christus geschenkten,
von IHM wesenhaft durchdrungenen. Mit diesem Sohn
bleibt die Seele ewig verbunden, weil er ihr in allen
Menschenschicksalen nahe ist.

Eine solche Witwe, eine solche Seele vermag dann
auch ihr Letztes immer wieder herzugeben, wie es Lukas im 21. Kapitel schildert. Bevor Christus im Angesicht des Tempels über die apokalyptische Zukunft der
Menschheit spricht, weist er auf die Menschen hin, die
Geld in den Opferstock legen. Viele Reiche tun etwas
hinein, was sie übrig haben aus ihrem Überfluß. Die
Witwe legt zwei »Scherflein« hinein, und Christus
macht darauf aufmerksam, daß sie das aus ihrer Armut
gegeben hat, daß das aus ihrer Nahrung, ihrer Substanz,
ihrer ganzen Existenz herausgenommen ist und dadurch seinen hohen Wert erhält, viel höher als das viele
Geld der Reichen.

So steht am Anfang in der Witwe Hanna das Bild vor
uns von der Seele, die sich dem Dienst für den Geist
weiht gemäß der Bergpredigt:

»Sammelt keine irdischen Schätze. Sie werden doch von den Motten und vom Rost zerfressen und von den Dieben durchwühlt und geraubt. Sammelt vielmehr Schätze in der geistigen Welt. Solche können nicht von den Motten und vom Rost zerfressen und von den Dieben durchwühlt und geraubt werden. Wo du einen Schatz gesammelt hast, dahin tragen dich die Kräfte deines Herzens.« (Mat. 6, 19–21)

Am Ende steht das Bild der Witwe, die aus wenig viel macht, die ihr eigenes Leben, ihre eigene Nahrung hingibt und dadurch mit wenigem andere reich macht. Dazwischen die Witwe, die ihren größten Schatz, ihren Sohn, ihr Eigenes, verliert, sterben sieht und es dann als von Christus geschenktes Leben wieder erhält so, daß ihr der Menschensohn in allen Menschenschicksalen als ihr Eigenes erlebbar wird. Witwenschicksale sind Einweihungswege der Seele zum Menschensohn, wie sich Christus nannte, wenn er von sich sprach.

Im Zwiespalt der rechten Entscheidung

In einer ganz kurzen Szene tritt noch eine Frau im Leben Jesu auf. Pilatus, der römische Landpfleger, der über Jesus zu Gericht saß, sucht nach einer Möglichkeit, ihn freizugeben, denn er findet keinen Grund zur Verurteilung. Das Volk aber ist von seinen Oberen angestiftet. Sie bestehen auf Todesstrafe. Er macht ihnen den Vorschlag, daß er der Sitte gemäß einen Verurteilten frei geben will, und sie sollen wählen zwischen dem Verbrecher Barrabas und Jesus,

> »den man den Christus nennt. Denn er durchschaute, daß sie ihn aus Neid dem Gerichte übergeben haben. Als er auf dem Richterstuhle saß, schickte sein Weib zu ihm und ließ ihm sagen: Laß dich nicht hineinziehen in das Schicksal dieses Gottesmannes. Ich habe diese Nacht im Traum viel gelitten um seinetwillen.«
> (Matth. 27, 17–20)

Noch bevor das Volk antworten kann, kommt sozusagen im letzten Moment die Frau des Pilatus zu ihm und beschwört ihn, sich an diesem Unschuldigen nicht zu versündigen, mit ihm kein Schicksal einzugehen, mit ihm nichts zu tun zu haben. Sie habe von ihm geträumt und im Traum viel um ihn gelitten.

Hätte Pilatus auf sie gehört, wäre Jesus nicht so grausam behandelt, nicht gekreuzigt worden. Aber die Schreie und Drohungen des aufgebrachten Volkes beeindruckten Pilatus mehr als die Träume seiner Frau. Sie wollte das menschliche Unrecht verhindern, aber es geschah. Die Ahnungen und Wahrträume sind Fähigkeiten des weiblichen Wesens. Aber die von Männern beherrschte Welt hört nur selten darauf.

Auch heute kann es geschehen, daß eine Frau im letzten Moment in eine Situation einzugreifen sucht, um Schlimmes zu verhindern, und man hört nicht auf sie. Angst, Vorurteile, festgelegte Routen, starre Formen und die Neigung, nur gelten zu lassen, was an der materiellen Welt ablesbar ist, alle solche männlichen Untugenden verhindern das, was menschlich wäre, was dem Vertrauen zu einer höheren Wirklichkeit entspringt. Wenn das Unglück dann eintritt, das die Frau angekündigt hat, kann man nachträglich sagen: Hätten wir doch auf sie gehört!

Und doch muß auch auf die Worte hingeschaut werden, die Christus zu Pilatus sprach: »Du hättest keine Macht über mich, wäre sie dir nicht von oben her gegeben.« Menschlich gesehen hatte die Frau des Pilatus recht. Von einer höheren Warte aus mußte aber geschehen, wovor sie warnte. Was damals geschah, entspricht einem Entwicklungsgesetz der Menschheit. Das Schauen der Seele in Vergangenheit und Zukunft, das als Ahnung, Traum, Gefühl auftritt, muß verlorengehen, darf nicht mehr einbezogen werden.

Alles, was auch heute als Ahnungen, Wahrträume und prophetische Gaben auftritt im weiblichen Wesen der Seele, soll nicht mehr wirken, bevor »die Frau des Pilatus« nicht mehr von Träumen, sondern von im Wachen erzeugten Imaginationen sprechen wird, von einer aus eigener Kraft hervorgerufenen geistigen Bilderwelt, die das Geistige im Irdischen und das Irdische im Geistigen abbildet, in der Welt der Ideen. Dann wird das gottgewollte Schicksal, auch wenn es durch Leid und Tod führt, erkannt und nicht verhindert, sondern angenommen.

GLEICHNISSE DER SEELE

Im Evangelium gibt es vier Gleichnisse, die von Frauen handeln. Sie zeigen uns die besonderen Fähigkeiten und Aufgaben der weiblichen Seele. Alle vier Gleichnisse sind jeweils das mittlere von mehreren. Die Gleichnisse im Matthäus-Evangelium handeln vom Reich der Himmel. In dem mittleren wird das Reich der Himmel mit dem Sauerteig verglichen, den eine Frau nahm und unter drei Scheffel Mehl vermengte, bis daß es ganz durchsäuert war (Matth. 13, 33). Der Sauerteig wird von einem vorherigen Brot genommen und in das Mehl hineingegeben, aus dem das neue Brot gebacken wird. Es sind drei Scheffel. Die Frau verarbeitet das ineinander. Die Himmelreiche als Sauerteig.

Die Himmelreiche als eine Substanz, die das Mehl, das mit Wasser zum Teig geknetet wird, aufgehen läßt, Luftprozesse hineinbringt, bevor es dann in der Wärme des Ofens zu Brot gebacken wird. Das Himmelreich als das treibende Element, das Luftelement.

Ein Brot, das nicht aufgegangen ist, ist schwer verdaulich, macht krank. Wenn die Menschen einander Nahrung, »Brot« sein wollen, das dem anderen wohl bekommt, ihn aufbaut und stärkt, dann muß die Seele das geistige Wesen, das von einem Leib zum anderen hinüber genommen wird, das Werdekraft, Auftriebskraft, Himmelreich ist, in dem Menschen, der ihr diesmal das »Mehl« ist, verarbeiten, ihn ganz mit Sauerteig durchdringen. Das Himmelreich unterscheidet sich von irdischen Reichen dadurch, daß es keine Grenzen kennt, daß es keine feste Größe hat, keinen Raum einnimmt, sondern daß es gerade raumlos ist. Es ist weder klein noch groß. Man erlebt es an seiner Wirkung. Es ist die Kraft des Werdens, die auch durch Sterben gehen kann und dabei ein Werden bleibt. Das alte Brot gibt es nicht mehr, aber das Werden, das darin wirksam war, geht in das neue Brot über. Es muß aber tüchtig verarbeitet werden. Die Seele muß es vermengen mit dem Mehl, muß den Teig formen und dann ruhen lassen, ihn noch einmal durchkneten, wieder ruhen lassen, bis er gut aufgegangen ist. Ohne diesen Wechsel von Kneten und Ruhen wird das Brot nicht gut.

Die Seele muß mit dem Himmelreich, mit der geistigen Werdekraft arbeitsam umgehen. Durchdringt eine Seele das ihr vom Schicksal Gegebene nicht mit Werdekraft, gehen ihre Wirkungen nicht auf, sie bleiben sitzen und werden schwer. Ohne den Sauerteig des Himmelreichs werden der einzelne Mensch wie auch die Menschengemeinschaften immer unbekömmlich sein. Statt einander zu ernähren, macht man sich gegenseitig krank, kränkt, verletzt, mißhandelt im Kleinen wie im Großen die Menschenwürde. Mit schweren seelischen Verdauungsstörungen haben wir es heute vielfach zu tun.

Was Menschen von Kindheit an zu sich nehmen, ist kein Brot, das vom Himmelreich durchsäuert ist, das durch Himmelreich locker und leicht geworden ist. Die Frau ist berufen, Seelennahrung zu bereiten. Sie muß bei ihrer eigenen Seele beginnen, um einmal die Seele der Gemeinschaft, ob Ehe, Familie, Schule, Krankenhaus, Gemeinde, Volk oder Menschheit mit Brot zu ernähren, das Christus mit dem Worte meinte: »Ich bin das Brot des Lebens.«

Auch das Gleichnis, das Jesus im Lukas-Evangelium erzählt, steht in der Mitte von dreien, ebenso das dritte Frauengleichnis, von Matthäus aufgeschrieben. »Die

Frau in der Mitte stehend«, heißt es in der Geschichte von der Ehebrecherin mehrmals (Joh. 8). Ist doch die Seele die Mittlerin zwischen dem Geistigen und Leiblichen des Menschen wie zwischen dem Geistigen und Irdischen der Welt.

Die Gleichnisse im Lukas-Evangelium (Luk. 15) sprechen dreimal vom Verlorenen und Wiedergefundenen: vom verlorenen Schaf, vom verlorenen Groschen und vom verlorenen Sohn. Das Schaf geht draußen in der Welt verloren. Den Groschen verliert die Frau im Innenraum, im Haus. Der Sohn geht dem Vater in der Welt verloren, und er findet den Vater, als er in sich geht und im Inneren sich des Vaters erinnert.

Das mittlere Gleichnis spricht wieder von der Seele, von der Frau.

> »Oder denkt euch ein Weib, das zehn Drachmen besitzt. Wenn sie eine Drachme verliert, wird sie dann nicht einen Leuchter nehmen und das Haus fegen und mit Sorgfalt suchen, bis sie das Verlorene gefunden hat? Und wenn sie es gefunden hat, ruft sie ihre Freundinnen und Nachbarinnen zusammen und spricht: Freut euch mit mir, ich habe die verlorene Drachme wiedergefunden. Ich sage euch, so wird unter den Engeln Gottes Freude herrschen über einen Sünder, der seinen Sinn wandeln.«   (Luk. 15, 8–10)

Geld steht einerseits für einen Sachwert. Man braucht eine bestimmte Summe, oder eine bestimmte Anzahl von Münzen, um das zu bekommen, das diesem Wert entspricht. Geld hat aber auch eine innere Qualität. Das wurde uns an dem Scherflein der Witwe gezeigt. Geld, das aus Überfluß stammt, hat eine geringere Qualität als das Geld, das aus der eigenen Substanz geopfert wird.

Geschenktes Geld ist ein anderes als geliehenes oder verdientes, unabhängig von der Höhe der Summe. Gehortetes Geld ist ein anderes als ein Geld, das weiterfließt und arbeitet. Verlorenes Geld macht den Wert des Ganzen geringer.

So kann Geld ein Gleichnis für die inneren Werte der Seele sein, die Werte von Wahrhaftigkeit, Treue, Geduld, Güte und alle Tugenden, die einer Seele kostbar sind und die sie verschenken oder zum Erwerb geistiger Güter einsetzen kann. Wenn ein Mensch auch nur eine dieser Tugendmünzen verliert, wird sein ganzes Menschentum geringer an Wert. Der Verlust ist aber für die Seele ein Anlaß, ein Licht zu nehmen und das ganze Haus zu durchleuchten, einen Besen zu nehmen und das ganze Haus durchzufegen. Wenn eine Seele eine einzige Tugend, die ihr die Menschenwürde verleiht, verliert, dann gilt es, das Licht der Selbsterkenntnis anzuzünden und allen Unrat, alle Folgen der Schwächen und Abirrungen auszufegen, in dem man sie zugibt und versucht, ihnen eine Erfahrung, eine Lehre, ein neues Verhältnis, ein neues Bewußtsein abzugewinnen, das heißt, im begangenen Unrecht die verlorene Münze zu finden. Dann ist das Innere des Menschen wieder in Ordnung. Die Engel im Himmel freuen sich, so heißt es im Gleichnis, über eine solche Seele, die ihren Sinn durch den Verlust und das Wiederfinden gewandelt hat.

Zwischen den drei Gleichnissen vom verlorenen Schaf, Groschen und Sohn im 15. Kapitel des Lukas-Evangeliums und dem Einzug Jesu in Jerusalem werden noch fünf weitere Gleichnisse von Lukas berichtet. Und wieder handelt das mittlere, das dritte, von einer Frau.

»Und er sagte ihnen ein Gleichnis, um ihnen eine dauernde und unermüdliche Pflege des Gebetes nahezulegen: Es lebte in einer Stadt ein Richter, ohne Ehrfurcht vor Gott und ohne Liebe zu den Menschen. Einmal wandte sich eine Witwe aus derselben Stadt an ihn und sprach: Schaffe mir Recht gegen meinen Ankläger! Lange Zeit wollte er immer nicht. Dann aber sagte er sich: Habe ich auch keine Ehrfurcht vor Gott und keine Liebe zu den Menschen, so will ich doch dieser Witwe Recht verschaffen, weil sie mir keine Ruhe läßt. Sonst kommt sie am Ende noch und schlägt mich.

Und der Herr sprach: Merkt euch die Worte des gottlosen Richters. Wird der Vatergott nicht erst recht seinen Auserwählten Recht verschaffen, wenn sie ihn Tag und Nacht anrufen? Wird er ihnen nicht all seine Großmut zuwenden? Ich sage euch: Er wird ihnen sogleich zu ihrem Recht verhelfen. Wird aber wohl der Sohn des Menschen, wenn er kommt, die nötige innere Kraft in den Erdenmenschen finden?«

(Luk. 18, 1–9)

In diesem Gleichnis spricht Jesus von einer Witwe, also, wie wir oben ausgeführt haben, von einer innerlich unabhängigen, aktiven Frau. Sie bedrängt den Richter mit ihren Bitten, so daß er nachgibt und das tut, was seines Amtes ist, aber nicht aus Achtung und Liebe, sondern um die Frau loszuwerden. Ihre Intensität und Ausdauer im Bitten hat das bewirkt. Das ist die negative Kehrseite zu der Wirkung, die die Intensität und Ausdauer des Betens bei Gott hat.

Braucht denn Gott unser Beten, um uns das Recht zukommen zu lassen? Bevor Christus den Jüngern das Gebet gab, das seitdem von der Christenheit geübt wird,

Vaterunser genannt, sagt er: »Euer himmlischer Vater weiß, wessen ihr bedürft, bevor ihr ihn bittet.« Und dennoch fordert er sie auf, so zu beten. Es geht nämlich im Gebet nicht darum, Gott darauf aufmerksam zu machen, was wir alles brauchen. Das weiß er ganz sicher, sogar besser als wir. Aber die göttlichen Wesen zwingen den Menschen nicht zu seinem Wohl. Sie achten seine Freiheit. Niemand kann einen Menschen zwingen, zu beten. Wo jemand aus religiösem Zwang ein Gebet spricht, ist es nicht das, was die Hilfe Gottes herbeirufen kann. So wie Christus damals zu den Menschen, die geheilt wurden, sagte: »Dein Glaube hat dich gesund gemacht«, so sagt Gott zu einem Menschen, der aus seinem eigenen Wesen sich ihm betend zuwendet: dein Gebet ist die Kraft, mit der ich dir dein Recht, das dir in deinem Schicksal Gebührende schaffen kann.

Zwei Hindernisse stellen sich uns entgegen. Wir haben feste Vorstellungen von dem, was Gott erhören soll, oder von dem, was unser Recht ist, was uns gebührt. Wir vertrauen dann nicht darauf, daß uns das zukommt, was von einer höheren Warte aus als Recht gesehen und gegeben wird. Das andere Hindernis ist, daß wir keine Kraft aufwenden im Beten. Entweder tun wir es in Not und beladen es mit unseren Emotionen, oder wir beten gewohnheitsmäßig und bringen dabei innerlich nichts in Bewegung.

Beten will geübt sein als eine freie Tat, ein Bewegen und Hervorrufen von Worten, die wesenhaft sind, »erfüllt von Hingabe und Wahrheit« (Joh. 1). Beten als tägliches Üben bewirkt, daß wir uns von Gott bemerkt fühlen und wir so auch ihn bemerken. Es bildet das Organ, mit dem wir den wiederkommenden Christus erfahren. Er ist die Gebetserhörung derer, die nicht nur für sich,

sondern für die Menschheit beten, daß ihr Recht widerfahren möge. Denn er ist der Bewirker des Schicksalsaus-
gleiches in der Welt. Durch ihn beten wir zum Vater.
Durch ihn erhört der Vater unser Beten. Er ist die männliche Ichkraft, die in der Seele wirkt, in der Witwe, deren
Mann, jenseits der Todesschwelle, als Vermittler zwischen ihr und Gott wirksam ist.

Das vierte Gleichnis, das von Frauen spricht, steht auch
in der Mitte von anderen, die von der Wiederkunft Christi sprechen, der selbst das Himmelsreich ist, und weisen
darauf hin, daß dieses Ereignis unerwartet, unberechen-
bar, plötzlich eintreten wird. Das mittlere ist das Gleichnis von den zehn Jungfrauen.

»Dann wird das Reich der Himmel zehn Jungfrauen
gleichen, die ihre Lampen nahmen und auszogen,
dem Bräutigam entgegen. Fünf von ihnen waren
dumpf in ihren Seelen, fünf wach und einsichtsvoll.
Die törichten nahmen zwar die Lampen mit, aber sie
vergaßen das Öl. Die verständigen nahmen in Gefä-
ßen Öl für ihre Lampen mit. Da der Bräutigam lange
Zeit nicht kam, wurden sie alle müde und schliefen
ein. Mitten in der Nacht aber ertönte der Ruf: Siehe,
der Bräutigam kommt, geht ihm entgegen! Da erho-
ben sich die Jungfrauen alle und schmückten ihre
Lampen. Und die törichten sprachen zu den einsichtsvollen: Gebt uns von eurem Öl, denn unsere Lampen
löschen aus. Die einsichtsvollen aber sprachen: Nein,
das Öl würde nicht reichen für uns und euch dazu.
Geht lieber zu den Händlern und kauft euch selber
Öl. Und als sie gegangen waren, um zu kaufen, kam
der Bräutigam, und die zu seinem Empfang bereit waren, gingen mit ihm hinein in den Hochzeitssaal, und

die Türe wurde verschlossen. Nachher kamen auch die anderen Jungfrauen und sprachen: Herr, Herr, öffne uns! Er aber antwortete: Ich sage es euch ein für allemal: Ich kenne euch nicht.

So seid denn wachen Sinnes, da ihr den Tag und die Stunde nicht kennt.« (Matth. 25, 1–13)

In diesem Gleichnis geht es um eine Gesetzmäßigkeit der inneren Übung, es geht darum, genügend Öl, genügend Brennstoff beschafft zu haben, damit das Licht leuchte zu einer Stunde, die wir nicht wissen. Jeder, der im Alleinsein, in der Einsamkeit sowohl im stillen Kämmerlein wie auch im Leben mit anderen Menschen sich auf den Weg macht, geht IHM entgegen. Es geht um das Leben in der Liebe, der Vorbereitung, der Würdigkeit gegenüber dem Bräutigam. Es geht darum, wach zu sein, Öl zu haben für das Licht, auch wenn die Seele zwischendurch müde wird. Wenn die Stunde gekommen ist, die wir nie vorher wissen, muß das Licht brennen, müssen wir bereit sein, denn dann ist es zu spät, Öl zu beschaffen. Manche Seele, die treu durch Jahre hindurch sich im inneren und äußeren Leben mit Christus verbunden hat, durfte in Zeiten schwerer Krankheit oder Erschöpfung erfahren, daß sie zwar zu schwach, zu müde war, um bewußt etwas für diese Verbindung zu tun, aber daß in solchen Zeiten das innere Licht weiter brannte, weil so viel Substanz gebildet worden war, daß jetzt, wo sie darniederlag, es dennoch hell um sie war. Vielleicht hat sie nur zwei Worte gesprochen: »Vater unser«, und das ganze Vaterunser leuchtete ohne Worte als geistige Anwesenheit um sie auf.

Wer aber vorher kein Öl beschafft hat, wer nicht die Sehnsucht nach Christus in sich geweckt hat, dem verlöscht in solcher Zeit das Licht, das ihm vielleicht aus Kindheit und Jugend oder aus einem besonderen Erlebnis geblieben war. Die Rufe, die das Kommen des Bräutigams ankündigen, entweder als Erregendes in der eigenen Seele oder im Weltgeschehen, bekommt er noch mit. Aber er kann dem Bräutigam nicht folgen, kann an der Hochzeit nicht teilnehmen. Doch warum geben die anderen ihm nichts ab? Die Substanz, um die es da geht, kann nur von jeder Seele selbst erworben werden. Denn was die Seele aus sich selbst hervorbringt, das gehört schon dem Bräutigam an, dem Licht der Welt, dem ICH der Welt. Das kann ihr kein anderer besorgen oder ausleihen.

Ohne das von der Seele selbst erworbene Öl kann die Menschenseele ihm nicht entgegengehen. Wenn sie einschläft und wieder aufwacht, ist ihre Lampe ausgelöscht, und bis der Bräutigam dann kommt, ist die Stunde, Seine Stunde, verpaßt und das Tor verschlossen.

Darum gilt es zu wachen und zu beten, auch wenn lange auf den Bräutigam gewartet werden muß. Die brennenden Lampen zeugen schon von ihm, bevor man ihn selbst sieht. Wir müssen sie hüten, für Öl sorgen, daß sie noch brennen in den Zeiten des Schlafes, bis wir von seinem Kommen erwachen.

Auch auf dem Lager, auf dem wir zur letzten Ruhe gebettet sein werden, auf dem wir entschlafen werden, brennt dann die Lampe, wenn wir in seiner Gegenwart wieder neu erwachen und mit IHM zum Hochzeitsfest, zur Hochzeit der liebenden Seele mit dem ewigen Geist eingelassen werden.

III

Die Frau in der Apokalypse

BILDER FÜR DIE SEELE VON GEMEINSCHAFTEN

Fast alle Worte für menschliche Gemeinschaften haben in der deutschen Sprache einen weiblichen Artikel: Die Gemeinschaft, die Gemeinde, die Kirche, die Gesellschaft, die Ehe, die Stadt, die Familie. Daß der Verein männlich bezeichnet wird, kann man ganz gut nachempfinden. Man denke nur an die Vereinsstatuten mit Paragraphen, durch die eine Ordnung von außen gegeben ist.

Gemeinschaften sind Seelenwesen, die mit dem Geist der Gemeinschaft verbunden sind wie Mann und Frau in der Ehe oder Mutter und Sohn im Sinne des Johannes-Evangeliums. Im 2. und 3. Kapitel der Apokalypse wird Johannes beauftragt, den Engeln, den Geistern der sieben Gemeinden in Kleinasien vom Menschensohn Sendschreiben zu schicken. In diesen Gemeindebriefen an die Engel wird ihnen der Zustand ihrer Gemeinden, der ihnen zugehörigen Gemeinschaftsseelen, geschildert.

Eine zentrale Rolle spielen in der Apokalypse außerdem drei Frauenwesen. Zwei von ihnen haben die Namen von Städten. Babylon wird als Hure bezeichnet, Jerusalem als die Braut des Lammes. Es sind aber nicht die damaligen irdischen Stadtgemeinden gemeint, sondern Menschen, die durch ein gemeinsames Verhalten eine Seele bilden. Diese Seelen sind auf der Erde nicht zusammengefaßt in einer Gruppe, nicht irgendwie registriert. Äußerlich sind sie über die ganze Erde hin zerstreut, können sich verschiedenen Erdengemeinschaften zugehörig fühlen, aber durch ihr Verhalten bilden sie im Geistigen eine Gemeinschaft, z.B. derer, die Christus »durch

123

ihr Verhalten dem Tode der Materie entreißen kann«[10], oder nicht.

Die eine Gemeinschaft wirkt zerstörend auf die Menschenwürde und ist darum dem Untergang geweiht. Die andere baut mit ihren Menschen an einer himmlischen Stadt, dem neuen Jerusalem, das sich von oben herniedersenkt und in dessen Mitte das Lamm thront, dessen Braut diese himmlisch-irdische Gemeinschaft ist, die von oben herunter gebaute Stadt. In der Mitte der Apokalypse erscheint die kosmische Frau, die den Sohn gebiert und vom Drachen bedroht wird. Mit ihr wollen wir diese Betrachtungen über die Seele der Gemeinschaft beginnen.

Die Mutterseele

Es gibt eine Gemeinschaft derer, die den Sohn gebären, den Hirten aller Völker. Im Bekenntnis der Christengemeinschaft werden sie genannt: »Gemeinschaften, deren Glieder den Christus in sich fühlen, dürfen sich vereinigt fühlen in einer Kirche, der alle angehören, die die heilbringende Macht des Christus empfingen.«

Die Kirche derer, die den Christus in sich fühlen, ist eine Mutterseele, die der Geburt entgegenlebt. Sie schreit in den Wehen des Gebärens. Zugleich wird sie als kosmische Königin beschrieben. Mit der Sonne ist sie bekleidet, den Mond hat sie unter den Füßen, und sie ist mit der Krone der zwölf Sterne gekrönt. So wird die Seele der Menschheit, die den wiederkommenden Christus gebiert, geistig von Johannes geschaut. Denn Christus wird nicht noch einmal als leiblicher Mensch geboren. Er kommt auch nicht von außen wie eine Geist-Erscheinung. Er wird aus der Gemeinschaft derer herausgeboren, die ihn in sich fühlen. Er macht diese Gemeinschaft zu seiner Mutter und bewirkt ihre kosmische Erscheinung.

»Und es zeigte sich dem schauenden Blick ein erhabengroßes Bild im Geistgebiet: ein Weib, mit der Sonne bekleidet, den Mond unter ihren Füßen, das Haupt mit der Krone der zwölf Sterne gekrönt. Und sie war schwanger und schrie in den Wehen und Schmerzen des Gebärens. Und ein zweites Bild erschien im Himmel: Siehe, ein großer, feuerroter Drache mit sieben Häuptern und zehn Hörnern. Auf seinen Häuptern trug er sieben Kronen, und mit seinem Schweife raffte er ein Drittel aller Sterne vom Himmel hinweg und warf sie auf die Erde. Und der Drache stand vor dem Weibe, das gebären wollte, um, wenn sie geboren hätte, ihr Kind zu verschlingen. Und das Weib gebar ihr Kind: einen Sohn. Er soll der Hirte aller Völker sein mit dem ehernen Stabe. Und das Kind des Weibes wurde entrückt zu Gott und an seinen Thron. Und das Weib floh in die Wüste. Daß sie dorthin gelangen sollte, war im göttlichen Weltenplane vorbestimmt. Dort sollte sie ihr Leben fristen eintausendzweihundertundsechzig Tage lang.
Und es entbrannte ein Streit in der Himmelswelt. Michael und seine Engel kämpften gegen den Drachen. Und der Drache kämpfte inmitten seiner Engel. Aber seine Kraft versagte, und so fand sich für seine Schar

im Himmel keine Wirkensstätte mehr. Es ward gestürzt der große Drache, die Schlange vom Urbeginn, die zugleich diabolischer und satanischer Natur ist, der Verführer der ganzen Menschheit.

Und als der Drache sah, daß er auf die Erde gestürzt worden war, fing er an, das Weib, das den Sohn geboren hatte, zu verfolgen. Da wurden dem Weibe die zwei Flügel des großen Adlers gegeben. Mit ihnen sollte sie in die Wüste fliegen, an den Ort ihrer Bestimmung, wo ihr Leben dreieinhalb Zeiten gefristet werden sollte, fern von dem Angesicht der Schlange. Und die Schlange ließ aus ihrem Rachen hinter dem Weibe her einen Wasserstrom hervorfluten, um es zu vernichten. Da kam aber die Erde dem Weibe zu Hilfe; sie öffnete ihren Mund und trank den Wasserstrom in sich hinein, den der Drache aus seinem Munde hervorschoß. Und der Drache entbrannte vor Zorn gegen das Weib. Er stürmte dahin, um gegen die zu streiten, die von dem Samen des Weibes übriggeblieben waren. Das sind diejenigen, die sich an die göttlichen Weltenziele halten und dem Zeugenschicksal Jesu folgen.«
(Off. 12, 1–9 u. 13–17)

Bekleidet ist der mittlere Mensch, und das Kleid vom Urbild der Seele ist sonnenhaft. Die mittlere Region, die Herzensregion dieser Seele strahlt Licht und Wärme, im Seelischen Weisheit und Liebe aus und bekleidet sich damit. Sie steht auf den Mondenkräften. Die tragen sie und werden von ihr beherrscht. Es sind sowohl die Fortpflanzungskräfte, die dem Mond zugehören, wie auch die Gehirnkräfte, der menschliche Intellekt.

Die Seele der »einen Kirche« steht auf diesen Kräften, hat sie unter sich, bedient sich ihrer. Über sich hat sie die

Krone der zwölf Sterne. Der Tierkreis, aus dem die Schicksalskräfte ins Leben wirken, hat sich ihr zur Krone gebildet. Das verleiht ihr die Würde einer Königin, die wahre Menschenwürde. Liebe und Weisheit des Herzens, Beherrschung von Intelligenz und Geschlecht, zwölffach geordnetes Schicksal, das sind die Eigenschaften der Menschheitsseele, die den wiederkommenden Menschensohn gebiert. Es ist aber ein kosmisches Wesen und nicht in den Maßen von Raum und Zeit festzumachen. Man kann nicht sagen: Hier oder dort ist diese Menschheitsseele.

In Situationen, wo eine Gemeinschaft im Sinne ihres kosmischen Urbildes ganz und gar der Menschenwürde entspricht, verdichtet sich die Menschheitsseele durch uns irdische Menschen. Das kann ein Gottesdienst, eine Menschenweihehandlung sein, das kann aber auch ein Gespräch oder die Gemeinschaft sein, die sich bildet, um ein Leben oder eine Seele zu retten, im Krankenhaus, in der Schule, überall. Das kann eine gemeinsame Arbeit im Denken, im Erkennenwollen sein, wenn sie von Liebe zur Sache, zum eigenen Tun und zum anderen, der mitdenkt, durchzogen ist. Das kann eine echte Versöhnung sein, das Ordnen von Schicksalen.

Die Menschheitsseele kann sich in der Gemeinschaft von Zweien ebenso verdichten wie in dem Zusammenwirken einer großen Schar. Verstorbene sind daran beteiligt, denn die Grenze zwischen Diesseits und Jenseits gibt es für sie nicht. Aber so, wie sie unter Menschen erlebt werden kann, so hebt sie sich auch wieder hinweg. Die Menschen werden noch Jahrhunderte brauchen, bis eine solche Menschheit herangewachsen ist, in der die kosmische Mutterseele bleiben kann. Aber das Ereignis der Christgeburt geschieht immer wieder. Wir erkennen es an den vorangehenden Wehen und Schmerzen und an dem Drachen, der zur Stelle ist.

Eine Gemeinschaft, eine Christengemeinschaft, kann in äußerste Not und Bedrängnis geraten. Sie sieht die Bedrohung durch den Drachen, der zu ihren Füßen lauert, um das Kind zu verschlingen. Läßt sie sich von ihm in Bann schlagen, wird sie zur Hure Babylon, von der gesagt wird, daß sie auf diesem Drachen thront. Dann wird sie das Kind nicht gebären. Erträgt sie aber die Schmerzen und Nöte als die Wehen der Geburt, dann wird sie auf gänzlich unvorhersehbare Weise aus der Gewalt des Drachen befreit.

Ihr Sohn, der in dieser Menschheit erscheint, ist vom Drachen nicht erreichbar, denn er ist bei Gott. Die Mutter aber gelangt in die Einsamkeit, Wüste genannt. Die Gemeinschaft besinnt sich auf sich selbst, läßt sich auf den Drachen nicht ein, um nicht zur Hure zu werden. Der Drache ist feuerrot, hat sieben Häupter und zehn Hörner und fegt mit seinem Schweif ein Drittel aller Sterne vom Himmel hinweg. Eine Gemeinschaft, die sich auf ihn einläßt, merkt nicht oder gesteht sich nicht ein, wie in ihr ganz persönliche Interessen, Leidenschaften, Rachegefühle, Habgier einzelner sich geltend machen, so daß statt der Sonne als Kleid das Feuerrot des wütenden Drachen erscheint. Sie setzt die überbetonten Kopfkräfte des Drachen ein, sieben Häupter und zehn Hörner, anstatt die Kopfkräfte, den Mond unter sich zu haben. Und statt des geordneten Schicksals, das sie als Krone der zwölf Sterne trägt, bricht Chaos in das Schicksal ein. Ein Drittel der Sterne fegt der Drache hinweg und unterwirft sie den materiellen Gesetzen der Berechenbarkeit, der Nutzbarkeit, des Gewinn- und Verlustkalkulierens. An die Stelle des Vertrauens auf die Geburt des Sohnes wird die Machbarkeit gesetzt. So wird die Gemeinschaft der wahren Christen eine Beute des Drachen. Sie löst sich auf, um an anderem Ort zur anderen Zeit wieder zu erscheinen, immer dort, wo in ihr der Sohn nahe kommt, der bewirkt, daß sie seine Mutter sein wird.

DIE HURENSEELE

Im 17. und 18. Kapitel der Apokalypse schildert Johannes das Treiben und den Untergang der Hure Babylon. Jeweils ein Engel ist es, der ihm dieses Wesen zeigt und sein Tun beurteilt. Es soll hier nicht auf die Einzelheiten eingegangen werden. Aber wie bei der kosmischen Frau, die gebiert, ist auch mit der Hure Babylon ein Gemeinschaftswesen gemeint, eine Gruppenseele, die die Menschen verführt, alles Geistige zu leugnen und nur irdische Güter gelten zu lassen. Von Königen, Kaufleuten und Seeleuten wird gesprochen, die mit ihr huren, indem für sie das ganze Leben zu einem Handel wird, um selbst reich zu werden. Es werden die Reichtümer aufgezählt, die Handelswaren, und als Letztes und Ungeheuerliches wird gesagt, daß zu dem Gehandelten Menschenseelen gehören. Mit Menschenseelen wird gehandelt wie mit äußeren Gütern. Menschenseelen zu besitzen ist der Handel derer, die sich mit der Hure Babylon einlassen.

Sie sitzt auf dem scharlachroten Tier mit den sieben Häuptern und zehn Hörnern, das auch den Sohn der Gebärenden besitzen wollte.

»Das Tier war über und über bedeckt mit Namen der Geist-Verwünschung und hatte sieben Köpfe und zehn Hörner. Das Weib war mit purpurroten und scharlachroten Gewändern bekleidet, dazu mit Gold und Edelsteinen und Perlen glänzend geschmückt. Sie hielt in der Hand einen goldenen Kelch voll von Greuelgestalten und unreinen Wesen, die ihrer Unzucht entstammten. Und auf ihrer Stirne stand ein Name geschrieben, ein Mysterium:

Die große Babylon, die Mutter aller Hurerei und aller Greuelgestalten auf Erden.

Und ich sah das Weib trunken von dem Blute derer, die dem Geist ergeben sind, und von dem Blute der Zeugen Jesu. Als ich das Weib sah, befiel mich eine große Verwunderung.«   (Off. 17, 3–6)

Man kann verstehen, wenn immer wieder gesagt wird, daß unsere heutige Zeit apokalyptisch sei. Ist nicht weithin das Leben der Menschen von solchem Handeln bestimmt? Knechtet nicht das Wirtschaftsleben alles, was zwischen Menschen wichtig sein sollte, bestimmt nicht das Staatsleben oder Gemeinschaftsleben aller Art das kulturelle Leben? Es gibt keine wahren Könige mehr. Auch der einzelne Mensch wird gehindert, sein Leben zu bestimmen, in seinem Reich zu regieren. Statt dessen gibt es Fußballkönige, Popstars, Wirtschaftsbosse und viele Scheinkönige mehr.

Der einzelne von ihnen kann ein liebenswerter, ehrlicher Mensch sein, aber das Massenwesen, das ihn zum König macht, hat sich mit der geistverlassenen Hure eingelassen. Da wird gehandelt mit Erdendingen – das sind die Kaufleute – und mit Lebenskräften – das sind die Schiffsleute. Denn nicht nur äußere Dinge werden angepriesen, wie es in allen Massenmedien geschieht, sondern die Lebenskräfte werden geschädigt durch alles, was heute so selbstverständlich ist, aber das gesunde Leben der Sinne, den Rhythmus von Schlafen und Wachen, die Ernährungsvorgänge schwächt, krank macht. Dann ist es ein Leichtes, auch die Seelen abhängig zu machen. Es gibt viele Menschen, die halten Stille nicht mehr aus, die können nicht mehr allein sein. Sie werden von Neurosen aller Art geplagt und merken nicht, wie mit ihnen gehandelt wird.

Es ist der Ungeist unserer Zeit, der sich der Geistlosigkeit, der Hure ergibt. Und dann kommt der Tag, an dem diese Hure mit einem Schlag vernichtet wird. Erst verbrennt sie, und dann wirft ein Engel einen Stein ins Meer, daß die Wogen sie verschlingen. Alle Könige, Kaufleute und Schiffsleute, die ihr ergeben waren, klagen um sie, daß die Herrlichkeit der Stadt Babylon an einem Tag untergehen konnte. In ihr konnten Braut und Bräutigam nicht leben. Sie sagte von sich selbst: Ich throne auf dem Tier als Königin und nicht als Witwe.

Den Schicksalsweg der Witwe, den wir schon beschrieben haben, hat sie abgelehnt. Und auch gegenüber dem Bräutigam und der Braut, dem Kommenden und der ihm entgegengehenden Gemeinschaft, war sie abweisend. Durch sie kommt die große Katastrophe über die Welt, in der sie fällt, untergeht. Ihr Scheinreich vergeht. Wer um sie noch trauert, wird am Ende von dem weißen Reiter mit seinen Scharen besiegt.

»Und ich sah, wie der Himmel sich auftat. Siehe, ein weißes Pferd. Und der Reiter, der auf ihm saß, er ist es, der Glauben und Erkenntnis wahrmacht. Durch seine Entscheidungen und seinen Kampf entsteht das Sein

des Moralischen. Seine Augen sind wie Feuerflammen, auf seinem Haupte leuchten viele Kronen. Ihm
ist ein Name eingeschrieben, den niemand versteht
außer ihm selber. Er ist mit einem blutbesprengten
Gewand bekleidet, dessen Name heißt: der Logos
Gottes. Und die Heere des Himmels folgen ihm auf
weißen Pferden, mit reiner weißer Leinwand bekleidet. Aus seinem Munde geht ein scharfes Schwert hervor, mit dem er die Völker trifft. Er ist der Hirte der
Völker und trägt den ehernen Stab. Er tritt die Kelter,
aus der der Wein des göttlichen Willens als Zorn des
Weltgebieters hervorquillt. Auf seinem Gewande und
auf seiner Hüfte steht der Name geschrieben: König
aller Könige, Herr aller Herren.« (Off. 19, 11–16)

Der Reiter hat einen Namen, den niemand aussprechen
kann als er selbst, und ist der König aller Könige und
Herr aller Herren. Das königliche, herrliche Ichwesen ist
es, dem die Braut angehört, und das diejenigen um sich
sammelt, die der Hurerei gegen den Geist nicht verfallen
sind. Das ist die Gemeinschaft derer, deren Seele genannt
wird: die Braut des Lammes.

DIE BRAUTSEELE

Am Ende der Apokalypse, im 21. und 22. Kapitel, wird von der Braut gesprochen. Sie ist die Seele der Gemeinschaft, die mit ihren Taten und Leiden, mit ihren geistigen Werten, die sie durch innere und äußere Arbeit errungen hat, die Stadt geschaffen hat, das neue Jerusalem, das von Christus mit Leben und Licht erfüllt ist. Johannes wird von einem Engel auf einen Berg geführt, von wo aus er das himmlische Jerusalem schaut, das sich vom Himmel hernieder senkt und das bezeichnet wird als die Braut, die sich für ihren Mann geschmückt hat, und als die Braut des Lammes.

»Und ich sah einen neuen Himmel und eine neue Erde. Der alte Himmel und die alte Erde waren vergangen, und auch das Meer war nicht mehr. Und weiter sah ich die heilige Stadt, das Neue Jerusalem. Aus dem Himmel senkte sie sich herab, aus dem Bereiche der Gottheit selbst. In ihrer Wohlgestalt glich sie einer Braut, zur Vermählung geschmückt. Und ich hörte vom Throne her eine mächtige Stimme sprechen: Siehe, die Tempelhütte Gottes unter den Menschen. Er wird in ihrer Mitte wohnen, und sie werden sein Volk sein. Die Gottheit selbst wird bei ihnen sein und alle Tränen aus ihren Augen wischen. Es wird keinen Tod mehr geben und kein Leid und keinen Klageruf und keine schwere Last; denn die alte Welt ist vergangen.« (Off. 21, 1–4)

Ein großes Gericht ist diesem Ereignis vorangegangen. Nun löst sich aus dem Gesamten der Menschheit die

Gemeinschaft derer, von denen gesagt werden kann, »wer überwindet«. Die Braut ist die Seele der Gemeinschaft derer, die überwinden.

Mit aller Art von Überwindung auf Erden wurde im Geiste die Stadt errichtet, die sich am Ende herniedersenkt. Sie ist der neue Himmel und die neue Erde, denn der alte Himmel und die alte Erde sind nicht mehr. Die Braut ist das Ziel der Erdenmenschheit. Das Bild der Stadt zeigt, wie sie aus Gold, Perlen und Edelsteinen gebaut ist. Sie ist ein goldener Vierkant, ein Kristallwürfel aus durchsichtigem Gold. Der Würfel ist ein Bild für Erdenvollkommenheit. Aus dem Weisheitsgold der Menschen, die das geistlose Denken überwinden, die einen inneren Weg gegangen sind, ist die Gestalt der Stadt und ihrer Wege darin Gold geworden. Die Tore sind Perlen. Sie stammen aus der Trauer der Menschen, die Leid und Not überwunden haben. Die zwölf Grundsteine sind Edelsteine. Sie wurden gebildet aus den Taten derer, die die dunklen Erdenvorgänge, die irdischen Gegebenheiten im Leben mit geistiger Kraft durchlichtet und durchwärmt haben. So wie die Edelsteine im Dunkel der Erde durch Lichtkräfte farbig und durchscheinend werden, so die Taten der Menschen, die den Tod der Materie überwinden. Die Braut ist die Seele der Gemeinschaft derer, die auf Erden Überwinder waren. Sie kann die Braut des Lammes sein, aus dessen Opfer den Menschen alle Kraft der Überwindung zuströmt. Wo immer Überwindung durch Menschen geschieht, da wirkt die Opfertat Christi weiter.

Er ist der große Überwinder, der Verwandler, der Vereiniger in uns. Das Bekenntnis der Christengemeinschaft schließt mit dem Satz: »Sie dürfen hoffen auf die Überwindung der Sündenkrankheit, auf das Fortbestehen des Menschenwesens und auf ein Erhalten ihres für die Ewigkeit bestimmten Lebens.« Das schildert die Gemeinschaft, deren Seele die Braut ist. Das Hoffen weist auf die Zukunft, auf das Ziel. Zugleich ist das, was gesagt wird, der Anfang eines neuen Werdens. Die Braut lebt mit dem Bräutigam auf ein neues Leben zu.

Das große Komm, das mehrfach ertönt und die Apokalypse beschließt, es gilt dem Kommenden. Die Menschheit muß Braut des Lammes werden, muß das himmlische Jerusalem erbilden, wenn sie ihn empfangen will. Und wie am Anfang der Christenheit die Jungfrau Maria vom Geist erfüllt wurde, um den zu empfangen, der zum Bräutigam der Gemeinschaft aller Christen wurde, so steht am Ende der Zeiten, von dem die Apokalypse spricht, wieder der Geist mit der Braut vereint: »Und der Geist und die Braut sprechen: Komm.« Die Gemeinschaft lebt im Sinne des Geistes, und der Geist wirkt durch die Gemeinschaft. Braut und Geist werden eins, der Heilige Geist in weiblicher Gestalt, göttliche Sophia. Sie ruft Christus herbei, durch den die Menschen zu ihr finden, um durch sie seine Gemeinschaft, seine Braut zu werden, die mit ihm in die Zukunft lebt durch alle Zeitenkreise.

So zeigt uns die Apokalypse Urbilder von Gemeinschaftsseelen, aus denen die ewige Menschheitsseele herausgeschieden wird. Die der Hure Babylon angehören sind die, die andere überwältigen. Sie werden selbst an einem Tage überwältigt werden. Die der Braut des Lammes angehören, sind die, die überwunden haben. Sie schufen im Geist eine neue Welt, die Stadt, deren Tore nicht mehr geschlossen werden und deren Leuchte das Lamm ist. Bevor diese Stadt sich herniedersenken kann, sind sie die Gemeinschaft derer, die der Frau angehören, die den Sohn gebiert. Denn nur die immer neu geschehende Christgeburt, die vom Drachen bedroht ist, weckt im Menschen die Kraft der Überwindung. Im Irdischen geht der Brautstand dem Mutterstand voraus. Im Geistigen geht der Mutterstand der Gemeinschaft dem Brautstand voraus. Die Gemeinschaft muß den Sohn gebären, um Braut des Lammes zu werden.

Welche Prüfungen, Aufgaben, Niederlagen, Gefahren, Freuden und Leiden die Gemeinschaft der Überwinder durchzumachen hat, schildert die Apokalypse in ihren Sendschreiben an die Engel der sieben Gemeinden.

ÜBUNGEN ZUR
GEMEINSCHAFTSBILDUNG

Die sieben Sendschreiben, so hat es Rudolf Steiner beschrieben, sind an die großen Kulturepochen der Menschheit gerichtet. Danach entspricht das Sendschreiben an den Engel der Gemeinde zu Sardes unserer, der fünften nachatlantischen Kulturepoche. Aber was für die großen Zyklen der Menschheit gilt, das findet sich in vielen Metamorphosen auch in kleinen und kleinsten Zusammenhängen. Es gab in den Zeiten des Johannes diese Gemeinden auch auf dem irdischen Plan. Und die Sendschreiben galten auch ihnen. Diese historischen Gemeinden haben einmal so gelebt, daß sie Urbilder werden konnten für alle Gemeinschaftsbildungen.

Auch heutige Gemeinschaften können sich in ihnen wiederfinden, zu manchen Zeiten mehr in Ephesus, in Thyatira zu anderen und wieder in anderen Zeiten jeweils in einer der sieben. Es kann auch sein, daß verschiedene Gemeinschaften jeweils ein Sendschreiben auf sich, ein anderes auf eine andere Gemeinschaft beziehen können. Es sei dem Leser überlassen, den konkreten Bezug selbst herzustellen. Hier wollen wir uns um das Verständnis aller Gemeinschaften bemühen. Sie sind als Urbilder des Weiblichen zu erleben. Die Sendschreiben in der Apokalypse richten sich an Gemeinden, die Neues aus sich gebären sollen, indem sie Überwinder werden.

Die sieben Sendschreiben haben eine gemeinsame Grundgestalt. Ihnen voraus geht die Beschreibung des Menschensohnes, der Johannes auf Patmos den Auftrag zu den Sendschreiben gibt.

»Am Tag des Herrn wurde ich in das Geistesgebiet versetzt und hörte hinter mir eine gewaltige Stimme wie den Schall einer Posaune. Sie sprach: Schreibe, was du siehst, in ein Buch, und sende es an die sieben Gemeinden, nach Ephesus und nach Smyrna und Pergamon und nach Thyatira, nach Sardes und nach Philadelphia und Laodizea. Und ich wandte mich um, den zu sehen, dessen Stimme zu mir sprach. Und als ich mich umwandte, sah ich sieben goldene Leuchter und inmitten der Leuchter eine Gestalt wie die des Menschensohnes:

bekleidet mit einem langwallenden Gewand,
die Brust mit einem goldenen Gürtel umgürtet,
mit weißem Haupt, dessen Haar leuchtete wie
 weiße Wolle und wie Schnee,
mit Augen, als wären es Feuerflammen,
mit Füßen, als wären sie von Golderz, das im Feuer
 geglüht ist,
mit einer Stimme gleich dem Rauschen großer
 Wasserströme,
in seiner rechten Hand hielt er sieben Sterne,
aus seinem Munde ging es hervor wie ein scharfes
 zweischneidiges Schwert,
und sein Antlitz leuchtete wie die Sonne in ihrer
 ganzen Kraft.

Und als ich ihn sah, fiel ich zu seinen Füßen nieder und war wie tot. Er aber legte mir seine rechte Hand auf und sprach: Fürchte dich nicht. Ich bin der Erste und der Letzte und der Lebendige. Ich war tot, dennoch trage ich das Leben der Welt durch alle Äonen. Mein ist der Schlüssel zum Reiche des Todes und der Schatten. Schreibe nieder, was du siehst, das Gegen-

wärtige und das Zukünftige. Das Geheimnis der sieben Sterne, die du siehst in meiner rechten Hand, und der sieben goldenen Leuchter ist dieses: Die sieben Sterne sind die Engel der sieben Gemeinden, und die sieben Leuchter sind die sieben Gemeinden selbst.«
(Off. 1, 9–20)

An die Erscheinung des Menschensohnes, der diese Briefe aufschreiben läßt, wird nun jedesmal zu Beginn angeknüpft. Etwas von dieser Erscheinung wird genannt als Merkmal dessen, der sie aussendet. Das ist die Einleitung zu jedem Sendschreiben. Dann folgt ein Lob. Jeder Gemeinde wird etwas Anerkennenswertes gesagt, aber jeder auch etwas anderes. Dann folgt ein Tadel verbunden mit einer Mahnung, einer Aufforderung, sich zu ändern. Schließlich kommt die Verheißung für die, die überwinden, jedesmal verbunden mit dem Weckruf: »Wer Ohren hat, der höre, was der Geist den Gemeinden sagen will!«

Die Gemeinde zu Ephesus

»An den Engel der Gemeinde zu *Ephesus* schreibe:
Es spricht zu euch, der die sieben Sterne in seiner rechten Hand hält und der inmitten der sieben goldenen Leuchter wandelt. Ich durchschaue dein Tun und sehe dein Bemühen und deine ausharrende Kraft. Ich sehe aber auch, daß du diejenigen nicht tragen kannst, die schwach sind gegenüber dem Bösen. Du hast diejenigen auf die Probe gestellt, die sich als Apostel ausgeben, und hast gefunden, daß sie kein Recht dazu haben und daß sie lügnerischen Geistes sind. Du hast aushar-

rende Kraft. Um meines Namens willen hast du Schweres auf dich genommen und bist nicht müde geworden. Ich habe aber gegen dich den Vorwurf zu erheben, daß du von deiner ersten Liebe abgewichen bist. Pflege das erinnernde Bewußtsein an die Höhen, aus denen du herabgesunken bist. Wandle deinen Sinn und handle wieder im Sinne deines ursprünglichen Tuns. Wenn nicht, so komme ich und stoße deinen Leuchter um, wenn du nämlich nicht die Sinneswandlung vollziehst. Aber das hast du für dich, daß du verabscheust das Tun der Nikolaiten, das auch ich verabscheue. Wer Ohren hat, der höre, was der Geist zu den Gemeinden spricht! Wer überwindet, dem will ich vom Baume des Lebens zu essen geben, der im Paradiese Gottes steht.« (Off. 2, 1–7)

Der Sprechende greift hier das Bild auf von den sieben Leuchtern und sieben Sternen. Eine Gemeinschaft, die am Anfang ihres Werdens steht, möge sich bewußt machen, daß sie Glied eines großen Zusammenhanges ist. Daß das Ganze vom Menschensohn in der Hand gehalten wird, nicht nur vom Engel ihrer Gemeinschaft, und daß er anwesend ist in allen Gemeinschaften, »deren Glieder den Christus in sich fühlen«. Aus dieser Verbundenheit mit ihm und dem zukünftigen Ganzen bekommt die Gemeinschaft den Schwung des Anfangs. In seinem Namen arbeitet sie, für sein Wesen bringt sie alle Opfer, für ihn ist sie unermüdlich und schreckt vor nichts zurück. Das ist der Anfang jeder Gemeinschaft, die ein hohes Ideal hat, die Mensch und Erde dienen will und damit dem Herrn von Erde und Menschenschicksal. Das kann eine soziale Einrichtung sein, eine religiöse Gemeinschaft oder eine Menschengruppe, die eine Erneuerung des Bankwesens oder die Gesundung der Landwirtschaft anstrebt.

Immer geschieht der Anfang opferfreudig und im Bewußtsein, einer großen Sache zu dienen. Aber die erste Begeisterung ist nicht übertragbar. Sie muß aus jedem einzelnen immer wieder neu hervorgerufen werden. Es kommen Menschen, die den Anschein erwecken, als seien sie vom gleichen Geist erfüllt. Aber sie sind es nicht. Die Gemeinschaft ist zu schwach, sie zu tragen, läßt sich von ihnen beeinflussen. Es mischen sich andere Interessen, andere Bilder in das, was die Gemeinschaft tut: Sie verliert ihre »erste Liebe«. Die Gemeinde von Ephesus wird aufgefordert, sich auf ihre ursprünglichen Intentionen zu besinnen und dem Anfang treu zu bleiben, sich ihm wieder zu öffnen. Sie wird noch einmal gelobt, daß sie wenigstens nicht die Nikolaiten hat eindringen lassen. Das war eine Sekte, die durch Sexualkulte in die übersinnliche Welt gelangen wollte. Darauf hat sich die Gemeinde von Ephesus nicht eingelassen. Darum kann sie ihren Sinn noch ändern.

Auch heute ist es wichtig, daß Gemeinschaften sich nicht darauf einlassen, durch äußere Mittel zu geistigem Einfluß, geistigen Wirkungen zu kommen. Gelingt ihr das, kann sie die Aufforderung zur Sinneswandlung annehmen, kann ihren Ursprungsimpuls wieder reinigen und ergreifen. Sonst wird ihr Leuchter umgestoßen, d.h. sie fällt heraus aus der Gemeinschaft der Überwinder. Nimmt sie aber die Botschaft an, dann wird eine solche Gemeinschaft gestärkt, genährt von den ewigen Ursprungskräften, von dem »Baum des Lebens, der im Paradiese steht«.

So wird eine Gemeinschaft geschildert, die mit Begeisterung begonnen hat, dann in die Krise kam, weil sie zu viele Kompromisse gemacht hat, sich von Menschen hat beeinflussen lassen, die keine wahren Apostel im Dienste des Anfangswesens waren, die aber diese Krise überwand hat, indem sie sich ihrem Ursprungsimpuls neu zugewendet und so aus ihm Leben und Kraft erhalten hat.

Die Gemeinde zu Smyrna

»Und an den Engel der Gemeinde zu *Smyrna* schreibe: Es spricht zu euch der Erste und der Letzte, der tot war und wieder zum Leben hindurchgedrungen ist. Ich kenne und sehe die Schwere deines Schicksals und deine Verarmung, trotzdem bist du reich. Ich durchschaue auch die Geist-Verhöhnung derer, die sich zu Unrecht Juden nenne, die aber in Wirklichkeit die Geistgemeinschaft des Satans sind.

Fürchte dich nicht vor den Leiden, die dir bevorstehen. Siehe, der Widersacher bereitet sich darauf vor, einige von euch in Fesseln zu schlagen. Das geschieht zu eurer Prüfung. Zehn schwere Schicksalstage liegen vor euch. Sei stark bis in den Tod, dann will ich dir die Krone des Lebens geben.

Wer Ohren hat, der höre, was der Geist zu den Gemeinden spricht! Wer überwindet, der soll keinen Schaden erleiden durch den zweiten Tod.«

(Off. 2, 8–11)

Gegenüber dieser Gemeinschaft und ihrem Engel bezeichnet sich der Menschensohn als der Erste und der Letzte, als der, der tot war und wieder lebendig wurde. Er ist der Erste als das Wort vom Urbeginn, von dem

Johannes in seinem Evangelium spricht. Er ist der Letzte, der diese Menschheit in den neuen Äon, das himmlische Jerusalem führt. Und in der Mitte zwischen diesem Anfang und Ende hat er die Tat auf Golgatha vollbracht. Aus dieser, über alles Persönliche, Momentane weit hinausreichenden Perspektive kann eine Gemeinschaft eine Situation überstehen, durch die sie in den Untergang gebracht werden soll.

Immer wieder ist es geschehen und wird es geschehen, daß eine Gemeinschaft, die so begeistert begonnen hat, vom Untergang bedroht wird. Eine solche Gemeinschaft erhält keinen Tadel. Sie erhält die Gewißheit, daß alles, was sie vollbracht hat, nicht umsonst war, sondern im Geistigen wahrgenommen wurde und bewahrt wird. Wenn die Gemeinschaft auch in großes Leid geraten ist und sich arm dünkt, weil sie alles verloren hat, was ihr kostbar war, so wird ihr gesagt, daß sie im Geistigen reich ist, weil sie dort Schätze hat, die ihr niemand rauben kann. Auch wer ihre Feinde sind, sagt ihnen der Sprechende. Es sind solche, die sich Juden, d.h. heute Gottgläubige oder einfach Menschen nennen, sogar oft Christen, die aber in Wirklichkeit dem Satan dienen, der ja immer mit dem Teufel, dem Diabolos im Bunde auftritt. Er wird einige aus der Gemeinschaft ins Gefängnis bringen. Das wird eine Prüfung für alle sein. Aber es wird nur eine abgemessene Zeit dauern, zehn Tage lang. Das alles kann das Vertrauen der Gemeinschaft nur um so mehr herausfordern und wachsen lassen. Dieser unerschütterliche Glaube an den Todbesieger, der auch ihre Lage ändern, ihre Feinde besiegen wird, er macht sie in der tiefsten äußeren Erniedrigung zu inneren Königen, so daß sie von ihm die Krone des Lebens bekommen. Als Gemeinschaft von Überwindern wird ihnen innerlich kein Leid geschehen, werden sie im tiefsten Wesen unverletzt bleiben bei allem, was ihnen äußerlich angetan wurde. So werden sie selbst zu Todbesiegern, zu Christen, denen der zweite Tod, der Seelentod nichts mehr anhaben kann.

Wer denkt bei einer solchen Schilderung nicht an die Gemeinschaften in allen Jahrhunderten, die um ihrer Überzeugung willen gemartert, verfolgt und ins Gefängnis gebracht wurden? Die Urchristen, die Ketzerströmungen, die Christengemeinschaft und viele andere im Hitlerreich oder die Christen, die sich im Untergrund des sowjetischen Rußlands versammelten. Sie alle entsprechen der Gemeinde von Smyrna, die keinen Tadel erhält, sondern Trost und göttliche Bejahung.

Die Gemeinde zu Pergamon

»Und dem Engel der Gemeinde zu *Pergamon* schreibe: Es spricht zu euch, der das scharfe zweischneidige Schwert hat. Ich kenne und sehe deine Wohnstätte. Du wohnst, wo der Thron des Satans steht. Du hälst fest an meines Namens Kraft und hast deinen Glauben an mich nicht verleugnet, auch nicht in den Tagen des Antipas, der als mein treuer Zeuge in eurer Mitte getötet wurde an der Stätte der satanischen Macht. Aber ich muß dir doch einen Vorwurf machen. Einige von euch halten fest an der Lehre des Bileam, der Balak lehrte, den Söhnen Israels einen Fallstrick zu legen, indem er sie zum Essen des heidnischen Opferfleisches und zu Unzucht verleitete. Es sind unter euch auch solche, die in ähnlicher Art an der Lehre der Nikolaiten festhalten. Erstrebe die Sinneswandlung. Tust du das nicht, so komme ich unversehens über dich und werde gegen sie kämpfen mit dem Schwerte meines Mundes.

Wer Ohren hat, der höre, was der Geist zu den Gemeinden spricht! Wer überwindet, dem will ich von dem verborgenen Manna geben und einen weißen Stein, in den ein neuer Name eingeschrieben ist, den niemand kennt außer dem, der ihn empfängt.«

(Off. 2, 12–17)

Gegenüber dieser Gemeinschaft bezeichnet sich der Menschensohn als denjenigen, der das zweischneidige Schwert hat. Von diesem Schwert wurde gesagt, daß es aus seinem Munde hervorgeht. Es ist dies die Kraft des Wortes, das entzwei schneidet, das Entscheidungen herbeiführt, das keine Kompromisse zuläßt. Es ist das Wort, das als ein Wesen wirkt und Eindeutigkeit bewirkt. Aus dieser Sicht seiner Wesensart sieht er auch diese Gemeinschaft und zeigt ihr, wo sie eindeutig ist, und wo nicht. Ihre Situation ist nicht leicht. Sie wohnt, wo der Thron des Satans ist. Sind nicht alle Gemeinschaften, die mitten im Leben dieser Welt stehen, die sich nicht in Abgeschiedenheit zurückziehen, dort, wo der Thron des Satans ist, dessen, der der Hinderer des Geistigen in der Welt ist?

Diese Situation sieht der Menschensohn und lobt die Gemeinschaft um derer willen, die an der Kraft seines Namens festhalten und ihren Glauben auch in lebensbedrohlicher Lage nicht verleugnen. Was ist dieses Namens Kraft und der Glaube daran? Er hat viele Namen, Menschensohn, Wort Gottes, Ich, Herr der Herren, König aller Könige. Alle diese Namen weisen hin auf die innere Souveränität, auf ein Denken und Wirken aus dem eigensten Wesen heraus. Wer lernt, sich selbst gemäß zu sein, von Fall zu Fall neu aus der eigenen Moralität zu handeln, der lernt auch, an dieses Ichwesen im anderen Menschen zu glauben, denn aus dem gemeinsamen Ichwesen der Welt strömt die ewige Moral, die nicht von außen festzulegen ist, sondern aus jeder Situation neu spricht und vom Menschen gehört werden will.

Diese Quelle des Ich ist der Menschensohn selbst, ist Christus. Und wer an das wahre Menschenwesen in sich und in anderen Menschen glaubt, der glaubt an ihn, auch dann, wenn der Satan äußerlich Macht bekommt und das Menschentum unwirksam macht, tötet. Es gibt sicher keine irdische Gemeinschaft, die dieses Ideal schon verwirklicht. Auch Gemeinschaften von Christen, wie sie sich als Kirchen und Glaubensgemeinschaften darleben, geben sich ihre moralischen Gesetze meistens von außen. Noch selten wird es gewagt, aus der Kraft des Ich zu leben und den anderen daraus wirken und entscheiden zu lassen. Man fürchtet Willkür, Egoismus, Chaos. Und doch gibt es überall Menschen, die diesen Glauben an die Quelle wahrer Moral in sich und anderen üben und versuchen, sich aus der realen Verbundenheit mit dem Wesen, das zugleich der gottgemeinte Mensch in mir und im anderen ist, zu leben.

In den Augenblicken, wo das gelingt, gehört ein solcher Mensch der geistigen Gemeinschaft all derer an, denen es auch gelingt oder die es mit aller Kraft und Bewußtheit anstreben. Aber jeder, der dieser Gemeinschaft seiner Intention nach, seinem inneren Ideal nach angehört, muß erleben, wie er und auch die anderen sich darin noch nicht halten können. Entweder halten wir noch fest an den üblichen, bisherigen Methoden, mit denen wir Menschen uns gegenseitig Fallstricke legen, um unsere eigenen egoistischen Ziele zu erreichen, oder wir

versuchen, uns aus einer unmoralischen Verhaltenswei-
se, die wir eingenommen haben, herauszuschwindeln,
unser Unrecht als Recht zu erklären. Das nennt die Apokalypse: An der Lehre Bileams festhalten, der dem König
Balak einen Fallstrick legte.

Andere Menschen versuchen, nicht aus eigener Ent-
scheidungskraft zu wirken, sondern mit Methoden, bei
denen die Ichkraft nicht beteiligt ist. Sie fällen Entscheidungen aus einer ichlosen Verbindung mit dem Über-
sinnlichen. Heute sind das alle Arten der Orakelbefra-
gung, die aus früheren Zeiten stammen. Es gibt Menschen, die ihr ganzes Leben nach astrologischen Ge-
sichtspunkten einrichten. Für sie sind Wirkungen, die
aus den Stellungen der Gestirne den Menschen bestimmen nicht etwas aus der Vergangenheit Stammendes,
Gegebenes, woran der Mensch arbeiten kann, sondern
etwas Zwingendes, dem man nicht ausweichen kann. Zu
Rudolf Steiner soll einmal jemand gesagt haben: »Mein
Horoskop stimmt ganz genau.« Und seine Antwort sei
gewesen: »Und da schämen sie sich nicht?«

Es gibt viele Methoden, die den Menschen ohne sein
Zutun in äußerer Form mit dem Schicksalswalten, dem
Wirken geistiger Wesen in Verbindung bringen. Das
meint die Apokalypse mit dem Festhalten an der Lehre
der Nikolaiten, die zu ihrer Zeit mit alten Methoden in
die geistige Welt eingedrungen sind. Diese Gemeinschaft, die, im Reich des Satans lebend, sich um die Verbindung zur Welt des Geistigen bemüht, aber in Gefahr
ist, Methoden anzuwenden, die nicht von Ichhaftigkeit
durchdrungen sind, wird aufgefordert, sich von allem,
was nur aus dem Unbewußten stammt, auch wenn es
noch so treffend zu sein scheint – wie z.B. heute das
Befragen des I Ging oder der Tarotkarten für ganz kon-

krete Lebenssituationen – abzuwenden, bzw. es umzuwandeln in ein waches Verhältnis zum Schicksal, das Antworten gibt, wenn man das Überbewußtsein schult. Wer seinen Sinn nicht vom Unbewußten zum Überbewußten wendet, der wird erleben, wie gegen alle Orakel, gegen alle daraus stammenden Handlungen plötzlich der Mensch in völlig unvorhersehbare Situationen geführt wird, die ihn zu eigener Entscheidung bringen wollen.

Das geschieht durch den, der mit dem zweischneidigen Schwert zuschlägt und die Orakelmethode von dem Ichwesen trennt, damit es sich selbst entscheide, weiter unter unterbewußten Zwängen zu leben, oder die Fähigkeit der moralischen Intuition, die aus dem Ichwesen stammt, zu erüben.

Wer so zu der Gemeinschaft der Überwinder strebt, der erhält von dem Menschensohn das verborgene Manna und den weißen Stein, in dem ein Name eingeschrieben steht, den niemand kennt, außer ihm selbst. Das Übereinstimmen mit sich selbst, das erlebt der Mensch als Seelennahrung, als verborgenes Brot. Er muß allerdings lernen, das Leben und Handeln aus persönlichen Interessen, aus subjektiven Gefühlen, aus Selbstbezogenheiten von der Übereinstimmung mit dem eigenen Geistwesen zu unterscheiden. Das Sprechen des Menschen kann ein Beispiel dafür sein. Ich kann mit großem Gefühl oder mit starkem Überzeugungswillen zu anderen Menschen sprechen. Das macht die anderen unfrei. Deren Wille und Gefühl wird davon überwältigt, wenn sie sich nicht genügend dagegen wehren. Ich kann andererseits sehr monoton, sehr objektiv, sachlich sprechen, so wie man das oft bei Fremdenführern erlebt, aber auch in Vorträgen und Gottesdiensten. Dann geht dieses Sprechen an den Menschen vorbei, ohne sie zu erreichen. Ist aber das Sprechen im Bewußtsein der Situation von der Liebe zu den Zuhörern und zu der dargestellten Sache vom Sprechenden durchdrungen, ohne daß seine Gefühle und seine Willensimpulse bestimmend sind, dann spricht er von Ich zu Ich. Sein Ich lebt in dieser von Liebe und Bewußtsein getragenen Sprechweise und erreicht das Ich des anderen, der sich dem Gehörten frei anschließen kann.

Wo das geschieht, fühlt sich der Mensch geistig ernährt, erhält er das verborgene Manna vom Menschensohn. Der weiße Stein, auf dem der Name steht, den nur er selbst kennt, das ist das Irdische, das hell, weiß, licht geworden ist. Wenn der Mensch mit der Stoffeswelt so umgeht, daß er sie nicht nur als Totes, Äußerliches ansieht, das man benutzen und dann wegwerfen kann, sondern wenn er die Stoffeswelt als geronnene, festgewordene Geistigkeit ansieht und sie demgemäß behandelt, dann gibt er etwas von sich selbst hinein. Sein Menschenname Ich wird in den weißen Stein eingegraben, und so empfängt er ihn, empfängt er alles Irdisch-Stoffliche vom Menschensohn.

Im Urbild geschieht das in der Messe, in der Menschenweihehandlung. Da verbindet der Mensch sich geistig ganz und gar durch Wort und Tat mit den Stoffen von Brot und Wein. Das Ichwesen aller Teilnehmenden teilt sich den Substanzen mit. Und ihr Ichwesen ist in solchem Tun eins mit Christus, der die Durchgeistigung, Durchichung von Brot und Wein bewirkt. Dann bekommt der Mensch es so gewandelt in der Kommunion zurück als »verborgenes Manna« und »weißen Stein«, in den der Name des Ich eingeschrieben ist, den nur jeder zu sich selbst sagen kann. So zeigt dieses Sendschreiben an den Engel der Gemeinde zu Pergamon einen wiederum sehr aktuellen Aspekt, wie sich die Gemeinde der

Überwinder bilden und sich selbst verstehen kann. Aber wir brauchen dazu die Ohren, die hören können, »was der Geist zu den Gemeinden spricht«.

Die Gemeinde zu Thyatira

»Und dem Engel der Gemeinde zu *Thyatira* schreibe: Es spricht zu euch der göttliche Sohn, dessen Augen wie Feuerflammen und dessen Füße wie glühendes Golderz sind. Ich kenne dein Tun, deine Liebe und deinen Glauben und deinen Helferwillen und deine ausharrende Kraft. Deine letzten Taten übertreffen die früheren.

Aber ich habe dir vorzuwerfen, daß du dem Weibe Isabel freie Bahn lässest. Sie nennt sich eine Prophetin und lehrt und verführt die mir Dienenden zur geistigen Unzucht und zum Essen des heidnischen Opferfleisches. Ich habe ihr Zeit zur Wandlung ihres Bewußtseins gegeben, aber sie will ihren Sinn nicht ändern und nicht von der geistigen Unzucht lassen. Siehe, ich werfe sie auf ein Lager mit allen denen, die sich zusammen mit ihr gegen den Geist versündigt haben. Da sollen schwere Schicksale sie treffen, es sei denn, daß sie doch noch die Sinneswandlung vollzieht und von ihrem Tun Abstand nimmt. lhre Kinder sollen der Gewalt des Todes ausgeliefert sein.

Alle Gemeinden sollen erkennen, daß Ich Bin und daß ich sie auf Herzen und Nieren zu prüfen weiß und daß ich jedem von euch das Schicksal gebe, das seinem Tun entspricht. Ich spreche nun aber auch zu denen unter euch in Thyatira, die jene Lehre nicht angenommen haben und die nicht, wie man sagt, in die Tiefen des satanischen Wesens eingedrungen sind.

Ich will euch keine neue Last auferlegen. Ich ermahne euch nur: Haltet fest, was ihr errungen habt, und bereitet euch so auf mein Kommen vor!

Wer überwindet und das Wirken aus meiner Kraft treu weiterpflegt, bis das Ziel erreicht ist, dem will ich eine Vollmacht des Ich geben, die über allem Volkswesen steht, und er wird ein Hirte der Völker sein mit dem ehernen Stabe. Wie Tongefäße wird er sie zerbrechen können. Die gleiche Vollmacht des Ich soll ihm eigen sein, die ich von meinem Vater empfangen habe. Und ich will ihm den Morgenstern geben. Wer Ohren hat, der höre, was der Geist zu den Gemeinden spricht!«

(Off. 2, 18–29)

Gegenüber dieser Gemeinschaft bezeichnet sich der Sprechende nicht als Menschensohn, sondern als Sohn Gottes. Seine Wesensmerkmale sind Augen wie Feuerflammen und Füße wie glühendes Golderz. Mit den Augen sieht ein Wesen die äußeren Erscheinungen. Ein Mensch kann diese Erscheinungen in seinen Gedanken abbilden. Das meiste, was wir im Laufe eines Tages denken, ist zusammengesetzt aus solchen Abbildern der äußeren Welt und aus dem, was in ihr vorgeht. Solche Gedankenabläufe, die mehr oder weniger ohne unser bewußtes Dazutun den ganzen Tag durch unsere Seele ziehen, sind schwer zu beherrschen, noch schwerer abzustellen. Sie üben oft einen gewissen Zwang auf uns aus. Das merken wir besonders, wenn wir etwas denken wollen, das nicht äußere Bilder und Abläufe beinhaltet, sondern wenn wir Denkvorgänge, eigen gestaltete Denkprozesse, Schöpferisches im Denken betätigen wollen.

Bei jeder Meditation, bei jeder eigen bewegten Besinnung, bei dem aktiven Hören von Musik oder Schauen eines Kunstwerkes, bei jedem jetzt erlebten Gebet müssen wir zuvor die Gedanken aus der Vorstellungswelt zur Ruhe bringen, müssen den eigenen Denkvollzug so stark werden lassen, daß die Außenwelt daraus verschwindet und wir im reinen, aus uns selbst hervorgebrachten Denken leben. Erst in einem solchen lebendigen, von göttlicher Ichhaftigkeit durchdrungenen Denk- und Besinnungsvorgang erleben wir, was Freiheit ist, stehen wir nicht mehr unter dem Zwang der äußeren Welt.

So wie Goethe aus dem gründlichen Beobachten der äußeren Pflanzenwelt überging zum inneren Bilden ihrer Idee und dann sagen konnte, daß er die Idee innerlich mit Augen sieht, so kann jeder Mensch üben, die Welt so anzuschauen, daß er aus der Betätigung seines Eigenen, seines von seinem Willen gelenktes Denkens, die Idee schaut. (Das Wort Idee kommt vom griechischen eidia = sehen). Wer auf diese Weise zu einem neuen Sehen und zugleich zu einem Erlebnis innerer Freiheit kommt, dem leuchtet in solchen Zeiten das mit dem bewegten Denken und der Freiheit verbundene Eigenwesen aus den Augen.

Die Augen sind die Fenster der Seele. Durch sie kommt Wahrgenommenes in die Seele hinein. Aus ihnen spricht das Wesen des Menschen in der Begegnung mit dem anderen. Und wenn Ideen in ihm leben, dann wird das Wesen strahlend und leuchtet aus den Augen heraus. So kann es manchmal bei Menschen sein. So ist es immer bei dem Sohn Gottes. Er schaut das Wesen aller Dinge, nimmt sie in sich hinein und strahlt sein Wesen mit seinem Blick ihnen zu. Das sind die Augen wie Feuerflammen, die Ideen sehen und das Eigene als Blick heraussenden.

Mit den Füßen geht der Mensch seinen Weg. Sie sind Ausdruck seines Willens. Vieles, vielleicht das meiste, was wir im Laufe des Tages tun, ist so, daß wir es gewohnheitsmäßig ablaufen lassen. Wir denken uns nichts dabei. Wenn wir aber anfangen, einen inneren Weg zu gehen, dann müssen wir die Schritte mit Gedanken begleiten. Wir müssen wissen, warum und wie wir etwas tun. Nur dann können wir aus unserem Eigenen, das heißt aber mit Liebe, unser Handeln und Weitergehen durchdringen. Wer so seinen Willen von Sinn und Liebe lenken läßt, der hat in solchen kurzen Augenblicken Füße wie glühendes Golderz. Der Gottessohn hat sie immer, denn sein Handeln ist immer sinn- und liebevoll. Und wenn ein Mensch sein Denken und sein Tun so aus Freiheit und mit Liebe vollbringt, ganz aus dem Eigenen heraus, dann lebt in ihm der Sohn Gottes, und er macht die Erfahrung, die F. C. Oetinger so aussprach: »Das Auge, mit dem Gott dich sieht, ist dasselbe, mit dem du Gott siehst.« Wir können noch hinzufügen: Die Schritte, die du auf den Sohn Gottes zugehst, sind dieselben, mit denen Er auf dich zugeht.

Wer in dieser Weise sich bemüht, in seiner Denkungsart und seinen Handlungen aus eigenem Entschluß, aus Freiheit und Liebe zu arbeiten, der gehört zu der Gemeinschaft derer, die von dem Sprechenden erkannt und in ihrem Tun anerkannt werden. Aber er wirft der Gemeinde von Thyatira vor, daß sie denen, die den Geist verleugnen, die sich mit der seelischen Hure einlassen, freie Bahn läßt. So muß er selbst als der Herr der Schicksale einschreiten. Er gibt ihnen eine Zeit der Besinnung und Änderung ihres Lebensstils, aber wenn das nichts bewirkt, wenn sie sich nicht ändern, werden sie von schweren Schicksalen getroffen, um aufzuwachen.

Wenn das auch nicht hilft, werden spätere Generationen in die Todeszone geraten.

Damit ist der Materialismus angesprochen, nicht als Ideologie, sondern als Lebenshaltung. Mancher Materialist oder Atheist hat mehr Geist in seinem Verhalten, mehr Achtung vor der Menschenwürde, mehr Sinn für lebendige Vorgänge in Erziehung, Kunst oder Lebensstil als andere, die sich Christen nennen und sonntags in die Kirche gehen. Manche von denen, die im Hitlerreich die Konzentrationslager befehligten oder die entsprechenden Befehle ausführten, waren im Privatleben »fromme Christen« oder zumindest gute Familienväter und Tierliebhaber. Sie haben aber anderen schwere Schicksale bereitet, und es entstand immer wieder die Frage: »Warum ließ Gott das zu?« Aber die Leidenden, Gefolterten, Gedemütigten haben ungeheure Wandlungskräfte der Menschheit zukommen lassen. Davon zeugen Briefe, Tagebücher und Dichtungen derer, die umgebracht wurden.

Manfred Haushofer ist nur einer aus einer großen Zahl. Sie gehören zur Gemeinschaft der Überwinder. Aber die anderen, die ihren Sinn nicht vom Materialismus abwenden, bringen vielfachen Tod in die Welt. Der Strahlentod ist nur ein Beispiel von vielen. Sie laden große karmische Schuld auf sich, die auf sie zurückkommen wird, wenn sie sich nicht wandeln. Denn der Sprechende bezeichnet sich selbst als das Wesen des Ich, von dem alle Schicksale gelenkt werden. Er prüft die Menschen auf Herz und Nieren. Das Herz ist das Organ der Liebe, des Hingebens. Die Nieren sind das Organ der Ausscheidung. Diese beiden müssen im Ausgleich sein, sonst werden sie krank. Zuviel Hingabe oder zuviel Ausscheiden, nicht bei sich behalten, hat ein anderes Schicksal zur Folge, als wenn diese beiden ausgewogen zusammenarbeiten.

Dann werden noch einmal besonders diejenigen angesprochen, die sich nicht haben herunterziehen lassen in die Bereiche des Satans. Sie werden ermahnt, daß sie das, was sie sich geistig errungen haben, nicht mehr verlieren sollen. Denn nur dadurch bereiten sie sich auf sein Kommen vor. Als solche, die überwinden und das Wirken aus der Kraft des Ich frei weiter pflegen, gibt er ihnen die Vollmacht, sich aus dem bloßen Volkswesen herauszuarbeiten, über dem Volkswesen zu stehen, Hirte aller Völker zu sein mit dem eisernen Stabe.

Menschen, die aus dem Eigenen leben, wie es oben beschrieben wurde, die fühlen sich nicht mehr an Familie, Sippe und Völker gebunden. Man könnte sie Menschheitsmenschen nennen. Man findet solche in allen Völkern, in Amerika, Europa, Asien. Wenn irgendwo in der Welt die Menschenwürde verletzt wird, setzen sie sich ein, kämpfen darum, daß solche Zustände geändert werden, ganz gleich, in welchem Volk das geschieht. Sie schließen Freundschaft mit anderen Menschen, unabhängig von der Volkszugehörigkeit. Sie adoptieren Kinder in Not als ihre eigenen, auch wenn sie aus anderen Völkern und Rassen stammen. Sie haben nicht nur das momentane eigene Wohlergehen im Sinn, sondern orientieren sich an Menschheitszielen.

Die Kraft, Menschheitsmensch zu sein, ist die gleiche Kraft, aus der wir das Einssein mit uns selbst erlangen, die Kraft des Ich, die wir mit allen Menschen gemeinsam haben und die uns zugleich eine eigene Individualität sein läßt. Solche Menschen leben äußerlich über die ganze Welt zerstreut. Im Geistigen bilden sie die Gemeinschaft derer, die von dem Weltenich, dem Sprechenden,

den Morgenstern erhält, das Gestirn, das der Sonne vorangeht und ihren Aufgang ankündigt. Es ist der Stern des Aufgangs, das Ideal, das den Menschen erkraftet zu immer neuen Anfängen. Solche Überwinder erkennt man daran, daß sie bereit sind, jeden Tag neu anzufangen und sich nicht niederzusetzen mit dem Gefühl, jetzt sei alles erreicht, was von ihnen erreicht werden kann. Sie gehören zu der Gemeinschaft, die mit Christian Morgenstern sagt: »Nur wer sich wandelt, bleibt mit mir verwandt.«

Die Gemeinde zu Sardes

»Und an den Engel der Gemeinde zu *Sardes* schreibe: Es spricht zu euch, der Macht hat über die sieben göttlichen Schöpfergeister und die sieben Sterne. Ich durchschaue dein Tun. Du hast den Namen eines lebendigen Wesens und bist doch tot. Strebe danach, in deinem Bewußtsein zu erwachen, und erkrafte, was in deiner Seele noch lebendig ist, damit es nicht auch noch erstirbt. Ich kann dir nicht bestätigen, daß dein Tun vor dem göttlichen Angesicht volle Wirklichkeit besitzt. Belebe in dir die Erinnerung an alles, was du aus den geistigen Welten empfangen und gehört hast. Pflege es in dir und wandle deinen Sinn. Wenn du nicht zu einem höheren Bewußtsein erwachst, so werde ich wie ein Dieb kommen. Du wirst nicht wissen, zu welcher Stunde ich über dich komme. Einige wenige Namen hast du jedoch in Sardes, die ihre Gewänder nicht befleckt haben. In weißen Gewändern werden sie meine Pfade gehen. Dessen sind sie würdig. Wer überwindet, soll gleicherweise mit weißen Gewändern bekleidet werden, und ich werde seinen Namen nicht auslöschen aus dem Buche des Lebens. Ich will mich zu seinem Namen bekennen vor dem Angesichte meines Vaters und vor seinen Engeln. Wer Ohren hat, der höre, was der Geist zu den Gemeinden spricht!«   (Off. 3, 1–6)

Gegenüber dieser Gemeinschaft nennt sich der Sprechende: »der Macht hat über die sieben göttlichen Schöpfergeister und die sieben Sterne«. Er lenkt ihr Bewußtsein auf die Wesen, die über dem Menschen walten, die nur im Geistigen unmittelbar zu erfahren sind, die unter seiner Führung stehen, ihm dienstbar sind. Von dieser Gemeinde zu Sardes wird erwartet, daß sie zu einem höheren Bewußtsein erwacht. Was sie auf Erden tut, hat in der geistigen Welt gar keine Wirklichkeit. Auf der Erde scheint sie zu leben, im Geistigen ist sie bereits tot. Aber wenn sie für das Geistige erwacht, dann kann der Keim des Lebens noch gerettet werden. Sonst stirbt er auch. Und dann kommt Christus wie ein Dieb in der Nacht, völlig unerwartet. Die Gemeinde wird nicht wissen, zu welcher Stunde es geschieht. Es gibt ja heute eine gar nicht zu kleine Schar von Menschen, die eine Bewußtseinserweiterung anstrebt. Aber die geistige Arbeit, die damit verbunden ist, und die Umsetzung dieser Arbeit in die Lebensverhältnisse, in das soziale Geschehen, wird nur von wenigen aufgebracht.

So gab es z.B. eine kleine Gruppe von jungen Menschen, die sich einen Bauernhof gekauft hatten und ihn gemeinsam bewirtschaften wollten. Zugleich strebten sie nach Bewußtseinserweiterung und führten lange Gespräche darüber, am liebsten vormittags, weil sie spät zu Bett gingen und dann ausschlafen wollten. Der Gast, der bei ihnen zu Besuch war, stellte fest, daß die Ziege im Stall jämmerlich schrie. Sie sollte gemolken werden. »Die kann warten«, meinten die Besitzer, »unser Gespräch ist jetzt wichtiger.«

Sie wollten geistige Menschen sein und merkten nicht, daß ein solches Verhalten nicht geistgemäß, dem Wesen des Tieres und seines Verhältnisses zum Menschen nicht gemäß ist.

So hat das Tun der Menschen, mit den Augen des Geistes gesehen, keine Wirklichkeit. Es ist Illusion, Schein oder tot, erstarrt, ohne seelischen Atem und Herzschlag. Wirkliche Bewußtseinserweiterung geschieht nur da, wo der Alltag und die sozialen Verhältnisse nicht vernachlässigt, sondern gewandelt werden. Das setzt voraus, daß man bereit ist, von einem wahren Lehrer Wahrheiten aus der geistigen Welt zu empfangen und zu pflegen, in sich zu bewegen, ohne von ihm abhängig zu werden. Solche Wahrheiten können nicht nur intellektuell aufgenommen und verstanden werden, so daß man meint, man besäße sie und könne sie jederzeit aus dem Gedächtnis hervorholen. Sie müssen im Denken neu erzeugt werden und im Tun als Lebensweise immer mehr selbstverständlich werden.

Wie viele Menschen sprechen von Bewußtseinswandel, von Bewußtseinsseele, von Bewußtseinserweiterung, aber ihr Leben geht unverändert weiter im Sinne der heutigen Gepflogenheiten. Da geschieht es, daß ein Mensch oder auch eine Gruppe von Menschen in die Gegenwart des Christus kommen und davon nicht reich, sondern arm werden. Durch die Gegenwart Christi erfahren Menschen die Wirklichkeit über sich selbst und über die Zusammenhänge, in denen sie stehen. Das nimmt ihnen alle eingebildeten Vorstellungen und Empfindungen, die sie darüber hatten. Das nimmt ihnen auch allen äußeren Rang, alles, worauf sie ihr Selbstbewußtsein stützten.

Für sie ist Christus der Dieb, der ihnen alles nimmt, was nicht mit ihm verbunden ist. Nur einige von der Gemeinschaft derer, die das Erwachen des Bewußtseins für übersinnliche Welten erstreben, verbinden dieses Streben mit dem konkreten Leben auf dieser Erde. Sie sind reine Vorläufer für die anderen. Ihre Lebenssubstanz ist gereinigt durch die Übereinstimmung von innerem und äußerem Leben. Sie tragen jetzt schon die weißen Gewänder, die einmal allen dieser Gemeinschaft zuteil werden sollen.

Den Überwindern wird verheißen, daß ihr Name, ihr wahres Eigenwesen nicht ausgelöscht wird aus dem Buch des Lebens und daß der Menschensohn sich zu diesem ihrem Namen bekennen wird vor Gott und seinen Engeln. Das ist das Bekenntnis des Christus zum Menschen, und das ist der Glaube des Christus an den Menschen. Wer in sich selbst das Bekenntnis und den Glauben des Christus an den Menschen übt, der verbindet in seinem Leben das durch ein erwachtes Bewußtsein Erkannte mit seinen Taten, mit seiner Lebensweise. Dann besitzen seine Erdentaten Wirklichkeit im Geistigen. Dann rettet er das, was sonst auch noch sterben würde, sein lebendiges, schöpferisches Denken. Dann geht etwas Helles von ihm aus, umhüllt ihn als weißes Gewand, und er bildet positiv an der Gemeinschaft derer, die zu einem Bewußtsein für geistige Wirklichkeit erwachen und zu der zukünftigen Gemeinschaft der Überwinder gehören.

Die Gemeinde zu Philadelphia

»Und an den Engel der Gemeinde zu *Philadelphia* schreibe:

Es spricht zu euch, der da heilig ist, der wahrhaftig ist, der den Schlüssel Davids hat. Wenn er aufschließt, schließt niemand zu, und wenn er zuschließt, schließt niemand auf. Ich durchschaue dein Tun: Siehe, ich habe bewirkt, daß vor dir die Türe offen ist und daß niemand sie verschließen kann. Deine Kraft ist noch gering, aber du hast mein Wort in deiner Seele bewahrt und hast meinen Namen nicht verleugnet. Siehe, ich will bewirken, daß einige aus der Gemeinschaft des satanischen Geistes, die sich zu Unrecht und aus lügnerischem Geiste Juden nennen, zu dir kommen, um sich zu deinen Füßen zu Boden zu werfen. Sie sollen erkennen, daß ich dich liebe. Du hast das Wort meiner Geduld in deinem Herzen bewahrt, und so will ich dich bewahren in der Stunde der großen Versuchung, die über die ganze Menschheit hereinbricht. Alle Bewohner der Erde müssen diese Prüfung bestehen. Ich komme überraschend schnell. Halte fest, was du innerlich erreicht hast, damit dir niemand deine Krone raube.

Wer überwindet, den will ich zu einer Säule im Tempel meines göttlichen Vaters machen. Er soll diesen Tempel nicht mehr verlassen. Und ich will den Namen meines göttlichen Vaters in sein Wesen einschreiben und den Namen der Gottesstadt, des Neuen Jerusalem, das sich von meinem Vater her aus dem Himmel herniedersenkt, und meinen eigenen Namen, den neuen. Wer Ohren hat, der höre, was der Geist zu den Gemeinden spricht!«   (Off. 3, 7–13)

Der Sprechende nennt sich gegenüber dieser Gemeinde heilig und wahrhaftig. In heilig ist heilen im Sinne von heil, ganz machen und auch das Wort Heil im Sinne von Segen beschlossen. Wahrhaftig ist jemand, bei dem Idee und äußere Wirklichkeit übereinstimmen. Dadurch wird gerade die Welt wieder ganz, heil, heilig. Geist und Stoff sind verschiedene Zustände desselben. Das ist für den Menschensohn immerwährend so. Er hat den Schlüssel Davids, mit dem er aufschließt, und niemand schließt zu, zuschließt, und niemand schließt auf.

Das ist die Kraft, durch die wir Menschen uns selbst öffnen können. Wir können andere Wesen, ob Menschen oder den Geist einer Musik, eines Kunstwerkes oder den eigenen Engel, den Engel eines anderen, den Zeitgeist oder ein Wesen der Natur in uns einlassen, und nichts kann uns daran hindern, weder Angst noch Not noch irgendein Zwang von außen. Und mit dem gleichen Schlüssel können wir uns zuschließen in der Konzentration, Meditation, im Gebet, daß keine Macht der Welt in uns eindringen kann, wenn wir es nicht wollen. Erst sehr selten gelingt uns das, aber wenn es uns gelingt, dann ist es dieses Christuswesen in uns, dieses Wesen der inneren Souveränität und Ichstärke, das diesen Schlüssel hat.

Es kann bewirkt werden, daß die Türe offen ist. Das ist die Türe, durch die diese Gemeinde eintreten darf in die geistige Welt, die Gemeinde derer, die sich von Christus auf- und zuschließen lassen. Er sagt ihnen, daß sie noch schwach sind, aber er tadelt sie nicht, denn sie haben sich mit seinem Wort und mit seinem Ichwesen, dem Namen verbunden. Sie stehen zu ihm. Sie bewegen es in sich. So steht er auch zu ihnen und steht ihnen bei. Diejenigen, die sich zu Unrecht Juden nennen und in Wirklichkeit dem Satan angehören, veranlaßt er, sich vor ihnen nieder zu werfen. Juden, das ist in der Apokalypse das Wort für die Erbauer und späteren Bewohner des himmlischen Jerusalem. Es sind heute die wahren Christen, »die er durch ihr Verhalten dem Tode der Materie entreißen kann«. Viele, die sich zu Unrecht Christen nennen, werden auch heute dazu gebracht, diejenigen, die in Wirklichkeit aus der Erkenntnis des Christus und aus der Liebe zu ihm leben, anzuerkennen, obwohl sie sie bekämpfen und verspotten möchten.

Wie oft werden Menschen, die außerhalb der Kirchen ihr Christsein aus eigenem Bemühen und Erfahren leben, von anderen angegriffen. Aber wenn eine Waldorfschule, ein heilpädagogisches Dorf und vieles andere Neue entsteht, das deutlich wohltuend und hilfreich wirkt, dann muß das aus der Sache heraus bewundert und anerkannt werden auch von denen, die die dahinter stehende Weltanschauung mißachten.

Der Menschensohn verspricht der Gemeinde von Philadelphia, ihr beizustehen, wenn die große Prüfung über die ganze Menschheit kommt. Er selbst kommt in einem Augenblick. Ihre Menschenwürde kann ihnen dann niemand rauben, ihre Krone, ihre königliche Sicherheit, wenn sie das Erreichte in Geduld und Liebe weiter bewahren und üben. Der Name dieser Gemeinde ist Philadelphia, das heißt Bruderliebe. Und in der wahren geistigen Bruderliebe lieben die Menschen den Christus im anderen, und Christus liebt sie. Sie sind Jünger, die der Herr lieb hat. Nur selten wird heute ein Mensch schon zu dieser Gemeinschaft auf Dauer gehören. Aber es gibt schon diejenigen, die sie vorbereiten und sie dadurch in der Welt der Idee ins Leben rufen. Ihnen wird der Name des göttlichen Vaters ins eigene Wesen eingeschrieben, dazu der Name der zukünftigen Welt, des himmlischen Jerusalems und der Name des Ich-Gottes selbst.

Die Überwinder von Philadelphia – und zu dieser Gemeinde gehören nur Überwinder –, werden zu Säulen im Tempel Gottes, denn sie sprechen nicht nur mit dem Mund die heiligen Worte: »Im Namen des Vaters, des Sohnes und des Heiligen Geistes«, sondern sie leben in der Verantwortung für die gewordene Welt des Vaters ringsum, für die Welt des Geistes, der die Erdenwelt so durchdringt, daß sie zum himmlischen Jerusalem umgewandelt wird, zu einer von Menschen im Geistigen erbauten Stadt, die einmal nicht materiell, aber als vergeistigte Erde erscheinen wird. Und sie leben im Namen des Sohnes, in der Verbindung des eigenen Ichwesens mit dem göttlichen Ichwesen und damit in seiner Liebe zu allen Menschen. Mit diesem sechsten Sendschreiben wird eine zukünftige Menschengemeinschaft angesprochen. Aber wer Ohren hat zu hören, was der Geist zu den Gemeinden spricht, für den hat diese Zukunft schon begonnen.

Die Gemeinde zu Laodicea

»Und an den Engel von *Laodicea* schreibe:
Das spricht der Amen, der durch das Zeugnis seines Wesens Glauben und Erkenntnis wahrmacht, das göttlich-schöpferische Prinzip der Welt. Ich durchschaue dein Tun, du bist weder kalt noch warm. Wärest du wenigstens kalt oder warm! Da du aber lau und weder kalt noch warm bist, speie ich dich aus. Du sagst: ich bin reich und habe alles und mir fehlt nichts. Du weißt

nicht, wie erbärmlich, jämmerlich und armselig du bist, wie blind und wie nackt. Darum rate ich dir, bei mir Gold zu erwerben, das im Feuer geläutert ist, damit du wieder reich werdest; dazu weiße Gewänder, damit du bekleidet seist und nicht die Schmach deiner Nacktheit in Erscheinung trete, und schließlich noch die Salbe, um deine Augen zu salben, damit du sehend werdest. Welche ich liebe, die erziehe ich durch Schicksalsschläge. So setze denn alles daran, deinen Sinn zu ändern. Siehe, ich stehe vor der Tür und klopfe an. Wer meine Stimme hört und mir die Tür aufmacht, zu dem will ich hineingehen und will das heilige Mahl mit ihm halten und er mit mir.

Wer überwindet, dem will ich geben, daß er mit mir throne, wie auch ich den Sieg des Geistes errungen habe und mit meinem Vater throne. Wer Ohren hat, der höre, was der Geist zu den Gemeinden spricht!«

(Off. 4, 14–22)

Dieser siebten Gemeinde gegenüber nennt sich der Sprechende »der Amen«. Dieses Wort heißt auf deutsch: »Ja, so sei es« oder »Ja, so ist es«. Das Ja ist einer seiner Namen, das große Amen eine Bezeichnung seines Wesens. Mit seinem Ja bewirkt er, das ist oder sein wird, das, was er bejaht. Er beklagt, daß die Menschen lau sind, weder kalt noch warm. Die Gleichgültigkeit ist es, das mangelnde Ja, oder die mangelnde Abweisung all dessen, was das Bejahen verhindert. Die Entscheidungslosigkeit, Unentschiedenheit, auch die Langeweile, das fehlende Engagement, die schlimmer sind als alle anderen Mängel der Seele.

Ein in diesem Sinne lauer Mensch kann nicht in dem Amen leben, in dem Welten-Jasager. Er wird von ihm ausgespieen. Und es wird ihm die Illusion über sich selbst genommen. Er meint, daß er reich sei, alles habe und ihm nichts fehle, und weiß nicht, wie armselig, wie blind und nackt er in den Augen des Ja-Sagenden, des Amen ist. Dieser rät dem Engel der Menschengemeinschaft, sich bei ihm Gold zu erwerben, das im Feuer geläutert ist, damit er wieder reich werde. Was ist das für ein Reichtum? Gold ist auch in den Volksmärchen das Bild von Herzensweisheit. Das ist eine Weisheit, die man nicht aus Büchern lernen kann, für die man keine Diplome bekommt, sondern die im Feuer des Schicksals dem Menschen zukommt, der selbst durch Christus ein Bejahender wird.

Lebensweisheit, in den Feuerbränden sowohl des Untergangs wie der Liebe errungene Erkenntnis, das ist Gold, das im Feuer geglüht ist und das man nur bei ihm erwerben kann. Eine solche Weisheit wird von Menschen und von anderen geistigen Wesen so erlebt, daß sie auch sie reich macht. Mit solchem Gold hat man Anteil am Reichtum der Welt und ist nicht nur ein persönlich Besitzender.

Die Menschen dieser Gemeinschaft werden weiter aufgefordert, sich weiße Gewänder anzuschaffen, um ihre Nacktheit zu bedecken. Wenn die Auffassung, daß der Mensch ein »nackter Affe« sei, vom Menschen nicht nur gedacht, sondern auch danach gelebt wird, wenn er alles, was »natürlich« ist, zu seiner Lebensart macht und vergißt, daß er selbst nicht nur natürlich, sondern geistig ist, wenn die Menschenwürde darüber verlorengeht, dann ist der Mensch, geistig gesehen, wirklich nackt. Dann ist er seelisch hüllenlos.

Ein Arzt brachte einmal den Vergleich mit einer Katze. Sie strahlt mit ihrem Fell elektrische Funken aus, und auch ihre Seele kann man durch das Fell hinausstrahlend um sie herum empfinden. Wenn sie aber ins Wasser geworfen wird und wieder herauskommt, ist nichts mehr davon um sie, sie ist nackt und bloß. So ist der Mensch, der nur noch tote Nahrung zu sich nimmt, sowohl leiblich als auch seelisch. Wie aber kommt er zu dem weißen Gewand, das ihm der Menschensohn rät? Indem er seine Lebenskräfte reinigt, sowohl leiblich durch eine lebendige Ernährung wie seelisch durch einen gesunden Atem im Wechsel von Hinausgehen der Seele und wieder Zu-sich-Kommen. Geistig erlangt er es im Bewegen reinigender Worte, das sind Worte, die aus dem Geist der Wahrheit vermittelt werden, Mantren, Gebete, Rituale, aber auch Worte, die zur rechten Stunde am rechten Ort das »rechte Wort« sind.

Ein so geübtes Leben verhilft dem Menschen wieder zu einer strahlenden Lebens- und Seelenhülle. Wenn auch dieses weiße Gewand immer wieder Flecken bekommt, wenn der Mensch das Leben bloß als Leibeswesen, bloß als höchstentwickeltes Tier führt, so können wir doch immer wieder an ihm arbeiten und dafür sorgen, daß wir nicht nur nackt und bloß sind.

Als drittes wird dieser Gemeinde geraten, sich bei dem Menschensohn eine Salbe zu erwerben, um die Augen damit zu salben, daß der Mensch wieder sehend werde. Die Salbe kann man sich nur auf die Augen legen, wenn man sie vorübergehend schließt. Wie wir jede Nacht die äußeren Augen schließen und uns dem Schlaf anvertrauen, um morgens wieder frisch in die Welt zu schauen, so müssen wir auch immer wieder unsere Seelenaugen schließen, mit denen wir in die Vergangenheit erinnernd zurückschauen und mit denen wir uns vorstellen, was die Zukunft bringen wird.

In der heutigen Sprachweise nennt man das: Man muß abschalten können, man muß loslassen können. Das heißt aber, man muß sich dem Heiler anvertrauen, sich ihm überlassen, statt immerfort in sich die Probleme und Emotionen oder auch die genußreichen Erinnerungen kreisen zu lassen und sich von den Vorstellungen gegenüber der Zukunft ängstigen oder in Illusionen wiegen zu lassen. Die inneren Augen schließen, damit die Salbe wirken kann, durch die wir im Sinne des Menschensohnes sehend werden. Das Vertrauen zu ihm, der die großen Schicksalszusammenhänge sieht, ist die Salbe, die auch uns nach einer Weile, in der wir uns ihm bewußt übergeben haben, schicksalsgemäßer und bejahender »sehen« läßt.

Wer sich aus den Feuerbränden des Schicksals Weisheit erringt, wer eine Lebensweise pflegt, durch die seine Lebens- und Seelenkräfte immer wieder aufs neue gereinigt werden können, wer loslassen, die Fixierung auf die immer sich wiederholenden Bilder von Vergangenheit und Zukunft aufgeben kann im Vertrauen zu dem ewig Gegenwärtigen, für den werden alle Schicksalsschläge zu Aufgaben, die ihm von dem gestellt werden, der uns liebt und uns darum prüft und herausfordert, so wie auch ein Mensch, wenn er einen anderen wirklich liebt, ihm zuweilen harte Situationen zumutet, an denen dieser wachsen und reifen kann, z.B. durch ein ehrliches Wort über ihn selbst und sein Verhalten, oder eine Reaktion, die ihm zeigt, wie er auf andere wirkt, oder durch einen Schmerz, durch den er zu sich erwacht.

Aber nur unter einer Voraussetzung ist für uns Menschen angezeigt, einen, den wir lieben, erziehen zu wollen. Wenn wir uns anmaßen, das von uns aus zu dürfen oder zu können, ist es sicher fehl am Platz. Dann geraten wir wieder in das alte Sehen von Vergangenheit und Zukunft. Wir selbst dürfen überhaupt nicht Erzieher erwachsener Menschen sein. Aber der die Schicksale aus der großen Überschau lenkt, kann sich unseres Glaubens an den anderen Menschen bedienen und durch ihn Wunder wirken. Geschieht es doch immer wieder, daß ein Mensch ein furchtbares Schicksal erleidet und meint, ihm nicht gewachsen zu sein, daran zu zerbrechen, die Fähigkeit nicht zu haben, die da erforderlich ist. Aber ein anderer glaubt an ihn, steht ihm bei, leidet mit ihm, bejaht ihn trotz allem.

Durch diesen anderen wirkt der, der den Geschlagenen liebt, und das Wunder geschieht, daß dem Geprüften in seiner eigenen Schwäche die Kraft zukommt, die er braucht, um zu bestehen. Die Liebe der beiden Menschen zueinander, die Liebe des Christus zu ihnen und ihre Liebe zu ihm verschmelzen zu einer Liebe, wenn sie lernen, schwere Schicksale zu bejahen und in dem zu leben, der der Amen ist. Das ist die Voraussetzung. Immerfort steht er vor der Tür und klopft an. Wer hört seine Stimme? Wie unterscheidet man seine Stimme von anderen? Sie kann aus mir selbst sprechen. Sie kann aus einem anderen Menschen sprechen immer dann, wenn der Mensch sich selbst, seinem geistigen Wesensteil, entspricht. Sie kann auch im Schweigen der Menschen zwischen ihnen gehört werden als Überein-Stimmung der Seelen. Sie kann durch das Schicksal zu uns sprechen in dem Augenblick, wo wir es als zu uns gehörig annehmen. Wenn wir die Stimme hören und das Anklopfen spüren und ihm die Türe öffnen, dann erleben wir die wahre Kommunion, das Mahl mit ihm. Dann sind wir eine Mahlgemeinschaft. Denn sein Wesen ist uns geisti-

ge Nahrung, und unser Wesen ist in solchen Augenblik-
ken, in die Ewiges hereinwirkt, auch ihm Nahrung.

Das sind die Augenblicke des Schöpferischen, wo nicht
nur Maler, Musiker, Dichter, Künstler schöpferisch sind,
sondern wo das Gespräch schöpferisch ist, der Umgang
miteinander ein Kunstwerk wird, wo, um mit J. Beuys zu
sprechen, »die Mysterien am Hauptbahnhof stattfinden«,
vorausgesetzt, daß die Menschen dafür erwacht sind. Wir
sind heute noch weit entfernt davon. Aber die der Gemeinde von Laodicea angehören, beginnen schon hier
und da, mit ihrem Denken schöpferisch, beweglich, geist-
orientiert umzugehen. Sie zitieren nicht nur die Worte
Rudolf Steiners: »Das Wahrnehmen der Idee in der
Wirklichkeit ist die wahre Kommunion des Menschen«,
sie erleben im Vollziehen dieses Denkens das Anklopfen
und öffnen IHM die Tür und lernen erkennen, daß im
schöpferischen Denken sie sich dem Schöpfergott, dem
Liebenden hingeben und der Schöpfer selbst sich ihnen
hingibt, daß sie das Mahl mit ihm halten und er mit ihnen.

Was da der einzelne im stillen Kämmerlein vollzieht,
das vollbringt eine Menschengemeinschaft im Feiern der
Menschenweihehandlung. Wer sie aufmerksam mitbe-
tet, erlebt den Augenblick, wo das Seelenopfer des Menschen zum Christusopfer wird. In die Hingabe der Menschen gibt er sich hinein. Von dieser Liebe in der gegenseitigen Hingabe werden die Luft und das Wasser mit
dem Wein und die Substanz des Brotes durchdrungen.
Und so erfüllt sich auch da jedesmal das Anklopfen, das
Hören seiner Stimme, das Öffnen der Tür und das Mahl
mit ihm und er mit ihnen, die wahre Kommunion des
Menschen.

Es sind erst kurze Zeiten, wo einige Menschen in unserer Zeit diese Besonderheit der siebten Gemeinde er-

füllen. Aber es wird die Zeit kommen, da sich die Menschen erkennen werden an der Art, wie sie denken und an der Art, wie sie sich von Christus ernähren lassen und er sich von ihnen. Als Überwinder werden sie mit ihm thronen, mit ihm die Königswürde des Menschen wieder herstellen, weil der Geist in ihnen über alles siegt, was ihnen die Menschenwürde rauben will.

Schauen wir noch einmal zurück auf die verschiedenen Schilderungen der sieben Gemeinden, so bemerken wir, daß sie alle nur dann als Gemeinschaft bestehen können, wenn sie sich selbst, ihre Eigenheiten und Schwächen überwinden. Jeder Gemeinde wird etwas anderes gezeigt, was sie schon erreicht hat, was sie überwinden, was sie erlangen wird. Aber alle sieben gehören zur großen Gemeinschaft der Überwinder, die an der Verwandlung der Erde, am himmlischen Jerusalem bauen.

Jede irdische Gemeinschaft kann einen Aspekt, der in den Sendschreiben ausgesprochen wird, bei sich selbst finden und sich mal in dieser, mal in jener apokalyptischen Gemeinde wiedererkennen. Dann kann diese Gemeinde auch wissen, worum es jetzt bei ihr geht und was ihre Menschen besonders beachten und üben sollten. Ob es eine Ehegemeinschaft oder ein Berufskollegium ist, es gilt zu erforschen, in welchem Gemeindebild von Fall zu Fall diese Gemeinschaft sich erkennen kann.

Bis zum fünften Sendschreiben an die Gemeinde von Sardes läßt sich alles finden, was heutige Gemeinschaften betrifft. Das sechste und siebte wird noch keine Gemeinschaft von heute ganz auf sich beziehen dürfen. Aber der Anfang dazu ist vorhanden, und es ist wichtig, das Ideal des Menschen vor sich zu sehen, der einmal eine Säule im Tempel sein wird und mit Christus im Reich des Vaters thronen wird.

AUSKLANG

Die Gemeinden in der Apokalypse sind Urbilder für Gemeinschaften. Sie sind weiblicher Natur. Sie sind Empfangende und Gebärende. Sie empfangen die Taten und Leiden, die Gedanken und Liebeskräfte der einzelnen Menschen, die ihr angehören. Sie gebären den Menschensohn, den Gottessohn, den Christus, den Amen, den in Liebe Wesenden, wenn sie die Prüfungen bestehen, die ihnen der Sprechende, der durch Schicksal und Welt Sprechende aufgibt.

So sehen wir, daß die Frau in der Offenbarung des Johannes das Bild der Gemeinschaften ist, wie sie auf Erden gelingen oder nicht gelingen. Und wie an diesen Gemeinschaften gearbeitet werden muß. In den vier Evangelien dagegen ist die Frau Repräsentantin des weiblichen Wesens in der Erdenwelt, wie es in jedem Menschen lebt, aber in der Frau eine ganz andere Mission im Christusleben damals und heute erfüllt als das männliche Wesen.

Wir wollen unsere Betrachtungen über das weibliche Wesen, über die Frau im Menschen und in der Menschheit beschließen mit der Wiedergabe eines Mythos, den Rudolf Steiner am 24. 12. 1920 den Menschen als neue Weihnachtsgeschichte vermittelt hat. Er knüpft da an den ägyptischen Mythos von Isis und Osiris an. Der Feind des Menschen, Typhon, hat den Sonnengott Osiris getötet und in den Fluß geworfen. Isis sucht ihn, findet den Leichnam im fernen Asien und bringt ihn nach Ägypten zurück. Typhon zerteilt ihn in zwölf Stücke, die Isis der Erde übergibt. Daraus geht Osiris zu neuem Leben hervor.

So hat die göttliche Weisheit auf Erden den Sonnengott verloren. Sie ging auf die Suche, fand ihn und übergab ihn der Erde, aus dem Er als Christus, als der neue Mensch auferstanden ist.

Heute ist der Menschheit Isis–Maria–Sophia, die göttliche Weisheit verlorengegangen. Nur durch die Ichkraft, die Christuskraft, den Menschensohn in uns, kann sie wieder gefunden werden. So sprechen das Evangelium und die Apokalypse von dem Suchen und Wiederfinden der Weisheit, die im Irdischen das Himmlische mit einbezieht. Sie sprechen von Sophia Maria in der Seele des Menschen und der Menschheit, die nur durch die Schöpferkraft Christi gefunden werden kann.

Der Menschheit ist der wahre Sinn für alles, was geworden ist und was noch werden will, verlorengegangen. Das Evangelium zeigt uns, wie die Frau berufen ist, diesen Sinn der Menschheit neu zu erschließen. Durch Christus finden wir die verlorene Weisheit Maria–Sophia. Durch Maria Sophia erkennen wir Christus, der selbst der Sinn ist, von allem, was da war, ist und kommen wird. Erst wenn im Leben des einzelnen wie im Leben der Gemeinschaft die Frauen im Sinne ihrer Urbilder wirken können und den Rang in der heutigen Welt erhalten, der ihnen gebührt, erscheint das Leben wieder sinnvoll, weil das Geistige und das Irdische darin übereinstimmen, das weibliche und das männliche Wesen zusammenwirken und in ihrer Mitte der verlorengegangene Mensch aufersteht.

ANMERKUNGEN

1 Siehe Irene Johanson, »Mensch sein – Christ
   werden«, Stuttgart 1994.
2 Rudolf Steiner, »Philosophie und Anthroposophie«, GA 35,
   2. Aufl. Dornach 1984.
3 Löser: Pflicht eines Erben, in der Not verpfändetes Gut
   wieder einzulösen. Dazu konnte auch die Pflicht zur
   Verwandtenehe gehören.
4 Aus dem Bekenntnis der Christengemeinschaft.
5 Aus dem Bekenntnis der Christengemeinschaft.
6 Siehe hierzu auch: Emil Bock, »Kindheit und Jugend Jesu«,
   8. Aufl. Stuttgart 1988.
7 Rudolf Steiner, »Aus der Akasha-Chronik. Das fünfte
   Evangelium«, Dornach 1975, tb Nr. 616.
8 Aus dem Kultus der Christengemeinschaft.
9 Gottesdienst der Christengemeinschaft.
10 Aus dem Bekenntnis der Christengemeinschaft.

Literatur der Christengemeinschaft
im Verlag Urachhaus

JOHANNES LENZ ——————————

Die Taufe
Das Sakrament der Christ-
werdung
96 Seiten, kart.

**Der Gottesdienst
für die Kinder**
56 Seiten, kart.

Das Ereignis des Todes
Zum Umkreis der Bestattung
124 Seiten, kart.

**Priestertum im Zwanzig-
sten Jahrhundert**
132 Seiten, kart.

Die Konfirmation
Von der Kindheit zur Jugend
2. Aufl., 88 Seiten, kart.

**Lebensgemeinschaft
und Trauung**
Das Sakrament der Ehe
2. Aufl., 148 Seiten, kart.

Die neue Beichte
Eine Einführung in das
Sakrament
52 Seiten, kart.

**Die Menschenweihe-
handlung**
Eine Einführung in den
neuen Gottesdienst
152 Seiten, kart.

*Dieser Band schließt den
Kreis der Einführungen in
den Sakramentalismus der
Christengemeinschaft. Die
Darstellung des erneuerten
Gottesdienstes, der Men-
schenweihehandlung, be-
handelt viele wesentliche
Grundfragen und kann
sowohl dem Unerfahrenen
als auch dem schon lange
mit diesem Sakrament
Lebenden eine wertvolle
Hilfe sein.*

——————————

Hans-Werner Schroeder
**Vom Erleben der Men-
schenweihehandlung**
2. Aufl. 1986. 40 Seiten, kart.

Vom Kultuserleben
Hrsg. von Christoph Rau.
2. Aufl. 1983, 92 Seiten, kart.

Verlag Urachhaus

EMIL BOCK

Verlag Urachhaus